Conocer los
mamíferos

Primera edición: marzo de 2010

© del texto: Jaume Sañé
© de esta edición: Lectio Ediciones

Fotografías del autor, excepto págs. 6, 8, 31 sup, 51 inf, 102, 103 ,107, 109 sup,
116, 119 sup, 121 sup) (Jordi Bas); 19, 63, 141 (Ferran Arumí); 27, 60, 62 (Ignasi
Torre); 29 (Xesco Puigdomènech); 38 (Carles Flaquer); 44 (Domingo Trujillo);
61, 93 (Ferran Aguilar); 73 (Rodrigo Pérez Grijalbo); 85 (Andrés M. Domínguez);
97 (Luis Casiano); 111 inf (Josep Guillén); 127 (Fundació CRAM); 131 (Jordi
Ruiz-Olmo), y 130, 132, 137 inf (Arnau Sañé)

Revisión de los textos: Carles Flaquer

Edita: Lectio Ediciones
C/ Violeta, 6 • 43800 Valls
Tel. 977 60 25 91
Fax 977 61 43 57
lectio@lectio.es
www.lectio.es

Diseño y composición: Imatge-9, SL

Impresión: Indugraf Offset, SA

ISBN: 978-84-96754-44-7

Depósito legal: T-79-2010

introducción

¿Qué es un mamífero?

La palabra lo indica: un mamífero es un animal que mama, y así, mamando, se alimentan las crías de los mamíferos durante los primeros estadios de su vida. En la práctica, sin embargo, un mamífero es mucho más que eso. Los mamíferos son seres con pelo que paren sus crías y pueden regular la temperatura de su cuerpo. Su origen se remonta a finales del periodo triásico, más de doscientos millones de años atrás. Evolucionaron a partir de los sinápsidos primitivos, un grupo de animales de cuatro patas que habían sido muy abundantes, pero que tuvieron que retroceder con la expansión de los dinosaurios. La competencia directa de los dinosaurios debió espabilar los pocos sinápsidos que habían sobrevivido, que buscaron sistemas para explotar otras condiciones. En aquellos momentos, ser pequeño y nocturno era toda una ventaja, pero originaba problemas para calentar el cuerpo. Y así debieron nacer los pelos, a partir de pliegues cutáneos y, más tarde, la homeotermia, es decir, la capacidad para mantener constante la temperatura del cuerpo. Cuando los dinosaurios desaparecieron, aquellos pequeños vertebrados ya estaban preparados para la expansión. Había llegado la hora de los mamíferos.

Poco a poco, los mamíferos fueron ocupando el espacio libre y se extendieron por todo el mundo. La adaptación a las nuevas condiciones diversificó el grupo hasta los límites más insospechados, pero todos los miembros han mantenido siempre sus tres características más genuinas: tienen pelo, aunque sólo sea durante el estado embrionario, amamantan a sus crías y tienen tres huesos en el oído medio, evolucionados a partir de huesos de las mandíbulas de sus antepasados.

Bestias peludas...

Los pelos que cubren la piel de la mayor parte de los mamíferos son la característica más visible de este grupo de animales. Tienen un origen

Detalle de los pelos de una liebre ibérica

exclusivamente epidérmico, como las plumas de los pájaros o las escamas de los reptiles. Pero el pelo es propio de los mamíferos, no existe otro grupo de animales con pelo y, además, todos los mamíferos lo tienen aunque sea sólo durante las primeras etapas de su vida.

El registro fósil no suele conservar los pelos, y por esta razón nadie ha podido fechar su origen exacto. Pero es probable que los primeros mamíferos ya tuvieran pelos, tratándose de animales pequeños que necesitaban mantener estable la temperatura de su cuerpo. En realidad, el aislamiento térmico es la más visible y la más universal de las funciones del pelaje de los mamíferos modernos.

Lógicamente, sin embargo, no todos los pelos son iguales. Los que forman la lana o borra son delgados y flexibles, y se enganchan entre ellos. Cubren la parte más próxima a la piel y son un aislante térmico excelente para las especies que viven en climas fríos. En los climas templados, como el nuestro, muchas especies se desprenden de estos pelos en verano y vuelven a producirlos en invierno. Pero en la naturaleza nada se pierde. La lana de los animales salvajes y domésticos es un material excelente para el forro de los nidos de muchas pequeñas aves.

Los pelos más visibles, largos y gruesos, sobresalen por encima de la borra y tienen una función aislante y protectora de la piel. En algunos mamíferos son muy fuertes y, en casos extremos, han evolucionado hasta formas de protección tan eficientes como las púas de los erizos o las escamas de los pangolines. Situados en la cola sirven para apartar a moscas y tábanos; en las pestañas, protegen los ojos del polvo, y alrededor de la cabeza y el cuello, pueden incluso ser decorativos.

Tema aparte son los pelos táctiles, largos y casi rígidos, implantados en la hipodermis y con capacidad para transmitir sensaciones de contacto. Se denominan vibrisas y son imprescindibles para moverse en la oscuridad. Por esta razón los tienen muchos animales nocturnos, normalmente alrededor de la boca y la nariz. Los tienen los ratones para moverse en la oscuridad y también las jinetas para desplazarse sin hacer ruido y poder cazar ratones. Los pelos táctiles son tan útiles que predadores y presas los han adoptado y unos y otros luchan por su subsistencia con los mismos inventos.

Sin embargo, en su larga carrera evolutiva, los mamíferos han tenido tiempo para todo. Y también para darse cuenta de que el pelo ya no es tan útil cuando el medio donde viven ya no es el medio terrestre habitual. Así, hay mamíferos que pasan su vida bajo tierra, como la rata topo desnuda de Etiopía, que han perdido completamente el pelo. Y los mamíferos marinos también han seguido el mismo camino. Además, en su retorno a la vida acuática, estos mamíferos han perdido también sus extremidades o las han transformado en aletas adaptadas para nadar. Las focas, que conservan las cuatro extremidades, nacen cubiertas de pelo, pero lo pierden con la edad, coincidiendo con el aumento de su vínculo con el medio marino. Los delfines y las ballenas, más adaptados a la vida acuática, han perdido del todo sus extremidades posteriores y también todo su pelo, y esto les ayuda a ser más hidrodinámicos. Sin embargo, si tenemos el privilegio de verlos de cerca, todavía podremos descubrir algunos pelos sueltos, cortos y gruesos, en la cabeza de algunas ballenas, rastros inconfundibles de su origen peludo.

… que paren sus hijos

Una característica propia de los mamíferos es el sistema de reproducción. Los mamíferos más primitivos, como los equidnas y los ornitorrincos, todavía ponen huevos. Pero la inmensa mayoría son vivíparos, es decir, los embriones se desarrollan dentro del cuerpo de la madre y nacen con un estado de crecimiento que puede ser más o menos avanzado. En los mamíferos marsupiales, los más primitivos de este grupo, las crías recién nacidas todavía tienen que pasar una temporada dentro de una bolsa externa de la madre llamada marsupio. En los mamíferos más modernos o placentados, que son la mayoría, los pequeños salen directamente al exterior, después de formarse durante un tiempo dentro del vientre de la madre, alimentados por la vía directa del cordón umbilical.

La duración de la gestación es muy variable, en función del tamaño del animal y de su estrategia de reproducción. Hay muchos mamíferos diminutos, como la mayor parte de roedores e insectívoros, que paren una gran cantidad de crías muy poco desarrolladas. Las ratas y los ratones nacen sin pelo y con los ojos cerrados, y los recién nacidos se parecen más a un feto que a un adulto. Lo mismo pasa con muchas otras especies, como los conejos. Los pequeños están capacitados para buscar el pezón entre el pelaje de la madre, mamar y poco más. La madre debe tener un cuidado especial de estos bebés que parecen prematuros, y por eso los protege dentro de un nido muy acogedor. Los conejos incluso se arrancan pelo del cuerpo para hacer la cama de sus hijos. Es una estrategia que permite tener muchas crías al mismo tiempo, ya que nacen muy pequeñas, y la utilizan sobre todo los mamíferos pequeños que tienen muchas bajas porque son presa habitual de muchos depredadores. Son animales nidófilos, que se quedan necesariamente unos cuantos días en el sitio donde han nacido.

Los mamíferos más grandes suelen tener otra estrategia. Con menos enemigos naturales, no hay que tener tantas crías. Un hijo único o mellizos ocupan menos espacio en el vientre y, por lo tanto, se pueden permitir nacer más tarde. Las liebres, parientes cercanas de los conejos, pertenecen a este grupo. Los pequeños son una copia en miniatura de los adultos, y

Las crías de los lirones grises nacen desnudas y con los ojos cerrados

El pequeño macaco de Berbería no pierde de vista el pezón de su madre

pueden caminar desde el primer día. La madre no les construye ningún tipo de guarida, y aún menos una cama para dormir. La estrategia defensiva es pasar desapercibido y ser muy espabilado. Los corzos, y en general todos los ungulados, y también los primates y los cetáceos, comparten este sistema. Son animales nidífugos, que huyen tan pronto como nacen del lugar del parto.

La norma general, sin embargo, tiene muchas excepciones. Y una de ellas es el género humano. Los hombres somos inteligentes, y lo pagamos con una cabeza muy grande. Tanto, que los bebés tienen que nacer muy temprano, cuando la cabeza tiene el tamaño justo para poder pasar por la pelvis de la madre. Después, claro está, todo el trabajo es para la madre, que tiene que sacar adelante un hijo muy poco desarrollado.

Una vez fuera del vientre de la madre, las crías deben crecer muy deprisa, y por eso tienen que comer calidad y cantidad. Está todo previsto, la evolución ha dotado las hembras para producir un alimento muy especial. Lleva las grasas, los hidratos de carbono, las proteínas y los minerales necesarios para el crecimiento y, además, ni siquiera se tiene que masticar: es la leche. Otra exclusiva de los mamíferos que, por otra parte, les ha dado nombre: para extraer la leche de las glándulas mamarias hay que tener labios capaces de ajustarse al pezón de la madre y chupar; en otras palabras, hay que mamar. Y es que los mamíferos, como decíamos al principio, son los animales que maman, éste es el origen de su nombre.

El mundo de los mamíferos

Actualmente, sólo existen unas cinco mil especies de mamíferos, muy pocas si comparamos, por ejemplo, con las ciento cincuenta mil especies de mariposas o las cuatrocientas mil especies de escarabajos que pululan por el planeta. Y sí, los mamíferos somos pocos, pero hemos llegado a todos los rincones. Los hay que se arrastran, corren, saltan, nadan y vuelan, y son los seres vivos más evolucionados. Eso no excluye, sin embargo, que muchas especies e incluso grupos enteros de mamíferos se hayan quedado por el camino y hayan desaparecido del todo a lo largo de la evolución. He ahí los mamuts o los famosos leones de dientes de sable. Seguramente se extinguieron porque las condiciones climáticas cambiaron demasiado deprisa y ellos no fueron capaces de adaptarse. Los hombres nos hemos encargado personalmente, nunca mejor dicho, de extinguir unas cuantas especies más. Y muchos mamíferos actuales también se enfrentan a la posibilidad real de una próxima extinción. El propio hombre es un buen ejemplo de mamífero en clara expansión, pero con el futuro nada asegurado si nos atenemos a las previsiones, ya que nosotros mismos estamos contaminando el planeta y cambiando el clima, sabiendo a ciencia cierta que éste no es el mejor camino. Vivimos en la era de los mamíferos, aunque, para bien o para mal, todo en este mundo llega a su fin…

La conquista del aire

La conquista del aire es la especialidad de las aves, pero no hay duda que volar abre las puertas a otro mundo. Parece una tentación demasiado grande que los mamíferos no han podido rechazar, aunque sea haciéndolo de noche y a escondidas. Los fósiles de murciélago más antiguos conocidos muestran unos animales muy parecidos a los murciélagos actuales y, por lo tanto, nos

Una cuarta parte de los mamíferos que existen son murciélagos. Éste es un orejudo

cuentan muy poco sobre cómo estos animales evolucionaron hasta convertirse en mamíferos voladores. De todas formas, todo parece indicar que los murciélagos provienen de antiguos mamíferos insectívoros de costumbres arborícolas que poco a poco desarrollaron la capacidad de volar.

En todo caso, los murciélagos son los únicos mamíferos que vuelan, y su éxito evolutivo ha sido tan grande que actualmente hay más de un millar de especies conocidas, es decir, uno de cada cuatro mamíferos es un murciélago. Eso sí, todos siguen el mismo patrón. Los dedos de las manos son muy largos y delgados, y están soldados entre ellos por una membrana de piel delgada y flexible. Exactamente como las varillas de un paraguas, los dedos pueden juntarse y plegar la piel a los lados del cuerpo o abrirse al máximo y convertir las manos en auténticas alas que les permiten volar perfectamente y, en las especies más grandes, incluso planear. Los murciélagos, por sí solos, explotan casi todas las posibilidades del entorno. La mayor parte son insectívoros, pero los hay que comen fruta o néctar de las flores, otros pescan peces o cazan mamíferos pequeños, y los vampiros, que viven en Suramérica, se han especializado en beber sangre.

El orden de los murciélagos está dividido en dos grandes familias. Los megaquirópteros o zorros voladores son murciélagos de talla grande propios de climas cálidos. Los hay grandes como conejos que miden un metro y medio de envergadura. Viven en colonias en los árboles, tienen ojos grandes, el cuerpo muy peludo, una dentición evolucionada y hábitos frugívoros. Con todos estos caracteres, tan diferentes de los demás murciélagos, no es de extrañar que la ciencia se haya llegado a plantear su origen a partir de otros antepasados más relacionados con los primates primitivos que con los mamíferos insectívoros.

En todo caso, la mayor parte de los murciélagos, entre los que se encuentran unas cuarenta especies que viven en Europa, son mucho más pequeños y básicamente insectívoros. El más grande de nuestra fauna, el nóctulo gigante, no alcanza los cien gramos, toda una miniatura en comparación con sus parientes tropicales.

Mamíferos marinos: volvemos a los orígenes

Los mamíferos nacieron en tierra firme, pero los hay que han retrocedido y, después de una etapa terrestre de unos cuantos millones de años, han vuelto a los orígenes y vuelven a vivir en remojo. Las focas están en la mitad de este camino de vuelta, pero hay un ejemplo de libro de la marcha atrás total: los cetáceos. Las ballenas y los delfines son mamíferos de origen terrestre completamente adaptados a la vida acuática, que aparecieron en el periodo eoceno, hace ya unos cincuenta millones de años. Los grandes dinosaurios se habían extinguido hacía relativamente poco y habían dejado un nicho ecológico vacío. En estas condiciones, algunos de aquellos mamíferos primigenios empezaron a ocupar el lugar que habían dejado los plesiosaurios y otros parientes, y se adaptaron a vivir en remojo. Los ejemplares mejor dotados para vivir en el agua eran los que tenían menos competencia y, por lo tanto, más posibilidades de sobrevivir y dejar descendencia. Y, así, poco a poco, a través de muchas generaciones, la evolución fue modelando el cuerpo de los cetáceos. Desapareció su pelo, su cuerpo adquirió forma hidrodinámica, las extremidades anteriores se transformaron en aletas, las posteriores desaparecieron casi del todo y los conductos respiratorios se desplazaron hacia la parte superior de la cabeza hasta convertirse en un espiráculo situado en

Las ballenas han desplazado los orificios nasales sobre su cabeza para poder respirar con todo el cuerpo sumergido

el punto más alto del cuerpo. Con la nariz en la espalda, para respirar apenas hay que salir del agua: un cetáceo es el animal más parecido a un submarino.

Actualmente, existen unas ochenta especies de cetáceos, de las cuales unas treinta se acercan con más o menos frecuencia a nuestras costas. La mayor parte pertenece al orden de los odontocetos, es decir, son cetáceos con dientes que utilizan para sujetar presas de gran tamaño, ya sean peces, calamares, focas o incluso pájaros. Los delfines, los calderones, las orcas y los cachalotes pertenecen a este grupo mayoritario.

Las auténticas ballenas, del orden de los misticetos, no tienen dientes. En su lugar hay una multitud de láminas córneas de origen dérmico que cuelgan de la mandíbula superior y que actúan como un colador. Es el caso de los rorcuales, las yubartas, las ballenas francas y las ballenas azules. Para comer, llenan su boca enorme con agua cargada de pequeños crustáceos y peces para expulsarla después a través de las barbas, que retienen la comida en el interior de la boca. Pero los fetos de algunas especies de ballenas con barbas todavía muestran restos de dientes, y eso demuestra que sus antepasados debieron ser cetáceos dentados. Los misticetos, desde este punto de vista, son los cetáceos más evolucionados.

Nuestros antepasados

Somos mamíferos y, además, pertenecemos a una especie abundante, con mucho éxito, que ha escogido la inteligencia y la vida social como herramienta para salir adelante y que ha colonizado todos los rincones del planeta. Nuestros orígenes radican en los primates más antiguos, los prosimios, un grupo de especies que apareció hace más de cincuenta millones de años, y que todavía mantiene representantes vivos hoy en día, como los lémures de Madagascar. A partir de especies parecidas a estos lémures, pues, se han originado las más de doscientas treinta especies de primates que todavía existen en la actualidad. Todos compartimos algunos rasgos básicos: la visión frontal, las extremidades acabadas en manos y un cerebro muy grande.

El tronco evolutivo de los homínidos, que llevó al hombre actual, se separó de los otros simios hace como mínimo cinco millones de años. Hoy por hoy, *Australopitecus afarensis* es la especie más antigua que se puede considerar antepasada directa del hombre. Su representante más conocido es Lucy, una hembra que vivió hace tres millones de años. Medía metro veinte de altura y había hecho el primer gran paso de la historia de la humanidad: caminar de pie. Lucy tiene una sala para ella sola en el museo de Ciencias Naturales de Addis Abeba, en Etiopía. Se la merece. Es el antepasado conocido más antiguo de todo el género humano.

Los lémures son los animales vivos más parecidos a nuestros ancestros más antiguos

¿Cómo estudiar y observar los mamíferos?

Los hombres hemos tenido relación con los otros mamíferos desde nuestro origen como especie. La primera relación fue la caza. Casi podemos decir que hemos cazado todos los mamíferos que se nos han puesto enfrente. Algunos, por cierto, como las ballenas, las focas o los osos, no han salido muy beneficiados de la relación. Los conejos, los ciervos y los jabalíes, entre muchos otros, son piezas de caza todavía hoy. Y, por otra parte, también tenemos mamíferos domesticados desde tiempos inmemoriales. Los perros, los gatos y los caballos nos hacen compañía y nos ayudan; las cabras, las ovejas, las vacas y los cerdos nos "dan" carne, leche y piel; los conejos, los hurones y los hámsteres también viven a nuestro lado…

¿Con estos antecedentes, habéis pensado alguna vez cómo es posible que la mayor parte de gente que se interesa por el mundo de la naturaleza empieza por las aves? Muy fácil: observar aves es muy fácil y los mamíferos salvajes son muy complicados. El ratón de campo, por ejemplo, es una de las especies más abundantes. Los hay en cualquier bosque, en cualquier seto entre cultivos, en cualquier pequeño espacio natural… ¿Habéis visto alguno? No, ¿verdad? Los mamíferos se esconden, son nocturnos, muchos son pequeños, no tienen colores vistosos y ven en el hombre el terror del que hay que huir. Por lo tanto, si la respuesta es no, no penséis que es nada raro…

El mundo de los olores

Las aves viven en un mundo visual y sonoro, es decir, dejarse ver y dejarse oír es la base de su comunicación. Pero el mundo de los mamíferos es básicamente olfativo, y la mayor parte de sus mensajes no se ven ni se oyen: el mundo de los mamíferos es el mundo de los olores.

Osos muertos en el término de Les, en el Valle de Arán, a medianos del siglo pasado. Ésta y otras imágenes parecidas aún se pueden observar en el bar Es Neres, del mismo pueblo

La jineta llegó como gato doméstico y ha acabado convirtiéndose en un animal salvaje

He ahí un ejemplo. La jineta está perfectamente adaptada a la vida nocturna, y eso tiene ventajas e inconvenientes. Sus ojos ven bien en la oscuridad, pero por mucho que levante su cuerpo, en plena noche su vista no alcanza muy lejos. El sentido del oído funciona a la perfección en el cuerpo a cuerpo, pero un chillido se lo lleva el viento y dura muy poco. Sin embargo, la jineta es un mamífero, y como tal puede emitir mensajes que perduran en el tiempo, y que dan información aunque su emisor esté muy lejos y dedicado a otro trabajo: es el lenguaje de los olores.

La jineta podría dejar los excrementos en cualquier sitio, pero prefiere colocarlos en puntos estratégicos, sobre una piedra, en la punta de un risco, en un lugar de paso… su olor es inconfundible y tiene mucha utilidad. Cualquier jineta que pase por la letrina puede recoger información directa sobre la situación del territorio y de sus inquilinos.

El olor es un libro abierto con un lenguaje para cada especie. Sirve para identificar a cada individuo concreto y para dar a conocer su estatus social y su situación. ¿Qué hace un tejón cuando se para de vez en cuando y parece sentarse por un momento? Marca el territorio, las glándulas anales rozan el suelo y dejan información. Él ha pasado por aquí, y no cualquier otro tejón. Sus ojos pequeños y su nariz grande explican bien qué importancia tienen estos dos sentidos para los tejones. Así, uno puede ser nocturno y esquivo y comunicarse con todo el mundo sin mantener ninguna relación personal. Las nutrias dejan sus excrementos en sitios muy visibles, sobre las piedras blancas en el centro del río; las ratas saben por el olor si un individuo es de su familia; y los topos se orientan perfectamente en la oscuridad absoluta de las galerías subterráneas; aunque, eso sí, con unas napias muy importantes delante de su cuerpo… Todo el mundo de los mamíferos está relacionado con el olor. El olor de la comida, el olor de la pareja, el olor de los enemigos, el olor de la muerte… En el caso de los zorros, su olor es tan potente que incluso un hombre lo puede notar, pero normalmente los olores son mucho más sutiles.

"Rapa das bestas", en Galicia. El hombre ha tenido desde siempre relaciones intensas con otros mamíferos

Los hombres, en cambio, hemos evolucionado en otra dirección, y hemos encontrado infinitas maneras de comunicarnos aparte del olor. Podemos hablar, escribir, leer… El sentido del olfato ya no es una necesidad, sino una curiosidad, un sentido más que apenas utilizamos, hasta el punto de que el olor corporal es casi una molestia que hay que esconder. Sin embargo, ¿de qué manera? Con otro olor artificial, claro está. Hacemos cualquier cosa para oler bien. En el fondo, los hombres sólo somos unos mamíferos, y no podemos escapar de esta condición.

El naturalista detective

Así las cosas, cuando se trata de estudiar los mamíferos, el naturalista se convierte en un auténtico detective. No esperéis ver el lobo el primer día que paséis por su casa; si veis sus huellas, ya os podéis dar por satisfechos… y lo que debemos tener claro es que éste es, ni más ni menos, nuestro primer objetivo. Ya que nuestro pobre sentido del olfato nos sirve ya bien poco, tendremos que aprender a leer la naturaleza, a reconocer las huellas, los restos de comida y los excrementos e incluso a buscar indicios indirectos de la presencia de los animales. Aprender no es fácil. Las huellas de los tejones, por ejemplo, son fáciles de reconocer: con los cuatro dedos casi alineados recuerdan la huella de un oso en miniatura. Las de los osos, parecidas pero mucho más grandes, también se identifican fácilmente. Pero las huellas de los ungulados, en cambio, son todas muy parecidas. Los excrementos de las jinetas y las de las nutrias son inconfundibles. Ahora bien, ¿quién es capaz de diferenciar con seguridad los excrementos de las martas de los de las garduñas? Son blandos, pequeños, tienen restos de fruta… y son casi iguales. Hay libros enteros dedicados a estudiar los mamíferos por sus rastros. Por lo tanto, el tema se escapa de los objetivos de este librito. Pero, en cambio, sí podemos explicar el método de trabajo, que sirve para estudiar la naturaleza en general, y que en el caso de los mamíferos es muy importante.

La única herramienta imprescindible para un naturalista es algo muy básico: lápiz y papel. Es imposible salir a dar una vuelta sin encontrar nada interesante que anotar: una orquídea florida, un corzo ladrando, un nido de ardillas… Y para el naturalista no es suficiente mirar, disfrutar con la observación e irse. El año que viene será difícil recordar la semana exacta en la que bramaban los ciervos, y seguramente no sabremos decir exactamente de qué material estaba hecho el nido de aquellos ratones…

La libreta de campo

La libreta de campo tiene que ser pequeña, no más grande que el libro que tenéis en vuestras manos, pues la tendremos que llevar allá donde vayamos para poder apuntar sobre la marcha. Así podremos llevarlo todo en un bolsillo de la mochila. Aparte de textos y planos de situación, unos bocetos de las observaciones nos pueden ayudar mucho. Si estamos fuera de casa, también podemos pegar otras cosas como, por ejemplo, la tarjeta de la pensión donde hemos dormido, la entrada de un parque nacional o cualquier recuerdo del país. Una libreta de campo hecha con gusto se puede convertir en un diario de nuestras vivencias que con el tiempo puede ser muy interesante. Con respecto a las anotaciones, quedará todo en orden si respondemos a cuatro preguntas básicas.

¿Qué? No siempre sabremos identificar una especie o un rastro al primer vistazo, pero da igual, se trata de apuntar lo que hemos visto con todos los detalles, y si tenemos una cámara y podemos hacer una fotografía, mucho mejor. Para identificar huellas, es importante hacer al menos una fotografía al lado de un objeto conocido (una moneda, por ejemplo) para que después tengamos una referencia sobre su tamaño. Después, en casa, con la ayuda de libros o de algún amigo más experto que nosotros, trataremos de llegar a su identificación.

¿Dónde? Hace falta describir un poco el lugar y, si el dato es interesante, dibujar un pequeño esquema detallado para poder volver, cuidando, eso sí, de utilizar sólo referencias permanentes (por ejemplo, si hacemos el plano en primavera e indicamos un punto como "llano de amapolas", cuando volvamos en invierno la indicación no nos servirá para nada).

¿Cuándo? Hay que anotar el día y si conviene incluso la hora. Puede parecer inútil, pero al cabo de unos cuantos años de ver cosas sin apuntarlas, ¿quién es capaz de recordar exactamente cuándo empiezan a bramar los ciervos, o cuándo se despiertan los lirones del sueño invernal?

¿Cómo? Con esta última pregunta nos aseguramos de no dejarnos nada importante. Hay que anotar todo lo que envuelve la observación. ¿Qué tiempo hacía durante la observación? ¿Qué estaba haciendo el animal en aquel momento? ¿Cómo ha reaccionado a nuestra presencia?

La libreta de campo es imprescindible para cualquier naturalista

El naturalista es un estudiante permanente de una asignatura tan complicada que todavía guarda muchos temas vírgenes que nadie ha investigado.

Al principio, nos puede parecer que los apuntes que hemos tomado no dicen mucho. Pero un naturalista tiene una condición que convierte todos estos datos en un pequeño tesoro: la curiosidad. Ésta es la madre del cordero.

Una vez en casa, con los libros en la mano o con la ayuda de otros colegas, podremos saber que aquel murciélago era el orejudo. Con el tiempo, podremos identificar muchos mamíferos por sus excrementos o por sus huellas, al igual que las serpientes por sus mudas o los pájaros por su canto. Y nos pasará muchas veces que, repasando apuntes de años atrás, averiguaremos cosas que en aquel momento no identificamos o no valoramos lo bastante bien.

Siempre que podamos, es aconsejable acompañar los apuntes con dibujos o esquemas, que a menudo son más descriptivos que las palabras frías. No hace falta ser un artista; cualquier dibujo es suficiente si cumple el objetivo. Y aún un último detalle: la duda tiene que ser la norma. Escuchad lo que digan los expertos y leed lo que explican los libros, pero no os lo cojáis como una verdad absoluta que no cambiará nunca.

La observación de los mamíferos

Desgraciadamente, observar y estudiar los mamíferos es complicado y, a veces, incluso, poco recomendable. Quizás el ejemplo más claro son los murciélagos, que durante la época de cría son tan sensibles que con una simple visita a las colonias de cría podemos causar un auténtico desastre. Pero afortunadamente no todo son murciélagos, y, con paciencia y tacto, podemos conseguir observaciones inolvidables que, si nos gusta la fotografía, pueden acabar capturadas en una imagen. Casi siempre la máxima actividad de los mamíferos es a primera hora del día o al atardecer. Y la norma básica es no hacer mucho jaleo y estar a la hora y en el lugar indicados. Los bramidos del ciervo son todo un espectáculo que podemos observar y, sobre todo, escuchar, cada otoño en lugares como Cazorla (Jaén), Salburúa (País Vasco) o la sierra de Boumort, en el Pirineo de Lérida. Los gamos, en cambio, los observaremos fácilmente desde los observatorios para aves de los Aiguamolls de l'Empordà, en Gerona, o en Doñana. La cabra montés la encontraremos en Beceite (Teruel), y también en Gredos y en Sierra Nevada. Para verlas de cerca, la mejor técnica es acercarse muy despacio, aprovechando la vegetación para escondernos, hasta llegar a la distancia ideal. Los mejores se mueven incluso arrastrándose con el fin de conseguir una buena observación. Quizás la primera vez se asustarán, pero podemos llegar a verlas desde muy cerca.

Huellas de oso pardo, sin duda las más inconfundibles de nuestra fauna

*A veces, para estudiar los mamíferos hay que capturarlos.
En la imagen, un macho de cabra montés del macizo de Els Ports*

Así nos podremos acercar también a los rebecos, a los muflones y a los arruís. Doñana es conocido por sus aves, pero es uno de los mejores lugares para ver jabalíes. Observar carnívoros es mucho más complicado, pero, en cambio, los mamíferos ofrecen otra opción muy gratificante: los cetáceos. Mucha gente lo desconoce, pero sin ir muy lejos podemos ver delfines y ballenas que a menudo ofrecen auténticos espectáculos naturales. Los rorcuales comunes regresan cada verano a las aguas del golfo de León. Los calderones viven de manera permanente en el canal que hay entre Tenerife y Gomera, en Canarias. Los delfines comunes pasan buena parte del año en las aguas de la bahía de Algeciras. También en verano, las orcas suelen esperar los atunes en el estrecho de Gibraltar, y desde Tarifa salen barcas para llevar gente a verlas…

Un lince ibérico anestesiado en manos de los especialistas del Parque Nacional de Doñana

Egagrópilas: estudiar los muertos para conocer a los vivos

Los estudiosos de los mamíferos siguen los pasos de los búhos y las lechuzas. Y el hecho tiene una explicación: los rapaces nocturnas se tragan enteras sus presas. En el estómago las deshacen y aprovechan la carne y las partes más blandas. Pero los huesos diminutos de los ratones, las plumas de los pájaros y la concha de los escarabajos más grandes, todo eso, junto con picos, dientes y uñas, queda arrinconado en el estómago. Cuando hay material suficiente, el mismo estómago lo prensa hasta que coge la consistencia de una croqueta recién hecha, de color oscuro, y lo envía todo hacia fuera por el mismo lugar por donde entró: por la boca. En el momento de salir, la croqueta está blanda, caliente y húmeda. Pero pronto se seca y toma consistencia. Y se convierte en el objeto del deseo de muchos naturalistas: una egagrópila.

Los especialistas las recogen sin reparos, llenan con ellas bolsas enteras y se las llevan a su casa. Y allí las miran una y otra vez, y las sumergen en agua para ablandarlas. Y entonces, con mucha paciencia y unas pinzas diminutas, distinguen todas sus partes y las clasifican. Buscan, sobre todo, restos de cráneos de ratones y musarañas. Como se trata de huesos duros, a menudo salen muy enteros, limpios, perfectos... Entonces es cuestión de examinarlos uno por uno mirando, sobre todo, sus dientes. Estudiando los cráneos que aparecen dentro de las egagrópilas, es fácil identificar a sus propietarios. Hay grupos de dentaduras muy diferentes. Los insectívoros como las musarañas tienen la boca llena de dientes puntiagudos, algunas con dientes rojizos y otras con dientes blancos. Los roedores, en cambio, no tienen colmillos, y en su lugar hay un espacio vacío entre las muelas y los incisivos (ver pág. 60.3). Para los interesados, hay guías para llegar incluso a identificar a nivel de especie. Y, muchas veces, ésta es la única fuente de información para saber cuáles son los micromamíferos que viven en una región. Sólo una recomendación: hay que tener presente que el tiempo de recogida es otoño e invierno, cuando las aves no crían, y las buhardillas, los agujeros de los árboles y los espacios entre las bóvedas de la ermita y el tejado son hogares deshabitados. Más adelante, durante la reproducción, recoger egagrópilas no es muy recomendable, para no romper la intimidad de la familia y perjudicar la nueva generación de lechuzillas.

Los fantasmas del bosque. La fotografía combina una exposición larga con un destello de flash para ilustrar las costumbres esquivas de los corzos

Cazadores de imágenes

La relación de un naturalista con los mamíferos es, muchas veces, lo más parecido entre un cazador y una presa. Incluso los profesionales tienen que poner trampas a veces para capturarlos vivos y así poder marcarlos y estudiarlos detalladamente, y después seguir su comportamiento a distancia con la técnica del radioseguimiento. Así se ha hecho durante años con los linces en Andalucía y con las nutrias en el Empordà. Es la lucha entre ellos y nosotros para ver quién gana. Ellos, por norma, quieren mantener distancias y nosotros nos queremos acercar a ellos. Si, aparte de ser simples observadores o científicos ilustres, nos gusta la fotografía, entonces el campo de acción se amplía. En este caso, no tenemos que ver directamente el animal, sino que será suficiente conseguir una copia de su imagen. Aquí abrimos las puertas a otro mundo, el de la fotografía de fauna salvaje. Las mismas técnicas que nos sirven para observar nos pueden servir para fotografiar. Pero hay una técnica especial: la barrera de rayos infrarrojos. Se trata de instalar un dispositivo en un lugar de paso, o en un lugar que nosotros mismos podemos haber convertido en un comedero camuflado, de manera que una cámara escondida se dispare cuando nuestra presa atraviese la barrera invisible del rayo infrarrojo. Normalmente, los mejores resultados se obtienen de noche. A la mañana siguiente, nos espera la sorpresa positiva de ver qué imágenes ha captado la cámara mientras nosotros dormíamos. Eso, claro está, si no tenemos la sorpresa negativa de haberla perdido en manos de un ladronzuelo.

Algunas entidades relacionadas con el estudio y la conservación de los mamíferos

SECEM Sociedad Española para la Conservación y Estudio de los Mamíferos
Apdo. Correos 15450
29080 Málaga
secretaria@secem.es
www.secem.es
Jornadas sobre Conservación y Estudio de Mamíferos, atlas de los mamíferos terrestres de España, entre otras actividades

CRAM - Fundación para la Conservación y Recuperación de Animales Marinos
Calle Sant Antoni, 56
08330 Premià de Mar
Tel. 937 524 581 / Fax 937 525 710
www.cram.org
Rescate y recuperación de los animales marinos protegidos, desarrollo de proyectos de conservación y realización de campañas de educación, formación, participación y divulgación

SECEMU Sociedad Española para la Conservación y el Estudio de los Murciélagos
Carretera N-II, km. 33,6. Universidad de Alcalá de Henares
28871 Alcalá de Henares (Madrid)
Fax 918 855 080
secemu@ctv.es / secretaria@secemu.es
www.secemu.es

Museo de Granollers. Ciencias Naturales
Calle Francesc Macià, 51
08402 Granollers
Tel. 938 709 951
www.museugranollersciencies.org/quiropters
www.ratpenats.org
Pioneros en el estudio de micromamíferos y quirópteros en Cataluña. Actualmente llevan a cabo el programa "SOS Ratpenat" en colaboración con el Departament de Medi Ambient i Habitatge de la Generalitat de Catalunya, para atender consultas ciudadanas sobre murciélagos, básicamente respecto a las especies que entran en las casas

los mamíferos

Erizo europeo
Erinaceus europaeus

¿Cómo es?

1 Los erizos son inconfundibles, con los pelos de la espalda convertidos en púas endurecidas. El erizo europeo o común es el insectívoro más grande del país, ya que a menudo sobrepasa el kilo de peso. Unos músculos de la piel le permiten enroscar su cuerpo escondiendo el vientre, las patas y la cabeza, de manera que cuando se siente amenazado se puede convertir en una auténtica bola de pinchos. Los erizos pueden pasar mucho rato en esta posición hasta que están seguros de que ya no hay ningún peligro inmediato.

¿Cómo vive?

2 El erizo es un animal lento y tímido que se activa al atardecer. Lo encontraremos a menudo en setos y cultivos cerca de zonas habitadas. No es animal de grandes comilonas, sino todo lo contrario: es un gran colaborador de los campesinos, ya que pasa la noche picando insectos, caracoles y gusanos. A veces, roe la fruta caída de los árboles o se encarniza en alguna carroña. Los erizos suelen criar una vez al año, en primavera, y tienen tres o cuatro pequeños que nacen ciegos, desnudos y con las púas blandas de color claro. Al cabo de dos semanas ya abren los ojos. Entonces, poco a poco, se les empiezan a endurecer las púas, y a finales de verano ya son independientes. En otoño buscan un escondite abrigado para pasar el invierno bien aletargados. Si nadie les molesta, no saldrán de su madriguera hasta bien entrada la primavera. Entonces se dan prisa en buscar comida para recuperar el peso que han perdido durante la hibernación.

Especies semejantes

3 El erizo moruno es casi idéntico, pero más blanquecino, con las orejas más grandes y el morro más corto.

Erizo moruno
Atelerix algirus

¿Cómo es?

1   Un poco más pequeño que su pariente y más orejudo, pero en general muy parecido aunque de color bastante más claro. Con una buena observación, veremos que las púas de la frente se separan dejando una raya sin púas en el centro.

¿Cómo vive?

2   El erizo moruno tiene costumbres y alimentación muy parecidas al erizo europeo o común, pero su distribución es mucho más reducida. Le gustan los secanos y las tierras bajas cerca del mar, y lo encontraremos en toda la costa mediterránea y también en Baleares y en las islas más orientales de Canarias. También habita en toda la costa mediterránea africana, desde Marruecos hasta casi Egipto. El clima más cálido le permite muchas veces criar dos veces al año y también a menudo le ahorra la hibernación. Los erizos tienen pocos enemigos naturales, el búho real es uno de los pocos especialistas en abrir su coraza y aprovechar su carne.

Curiosidades

3   Los erizos son animales pacíficos. Su única defensa es la coraza de pinchos que les cubre todo el cuerpo. Antiguamente, la gente los capturaba para comérselos, especialmente en Baleares. Actualmente, están protegidos por la ley, pero esta situación no les garantiza su futuro. Cada año centenares de erizos mueren atropellados en las carreteras, y es difícil prever el efecto a largo plazo de esta alta mortalidad no natural. Curiosamente, los pinchos tampoco les sirven de nada para defenderse de unos enemigos diminutos y molestos: las garrapatas.

Topo europeo
Talpa europaea

¿Cómo es?

1   Tamaño entre un ratón y una rata parda y cuerpo cilíndrico recubierto de pelo negro, espeso y reluciente. Las patas delanteras se han transformado en auténticas "palas", adaptadas para abrirse paso bajo tierra. Su nariz, larga, muy sensible y móvil, le sirve para localizar a las presas en la oscuridad de sus galerías. Sus ojos, diminutos, están cubiertos por una membrana y quedan totalmente escondidos entre el pelaje.

¿Cómo vive?

2   Presente en casi toda Europa y el nordeste de la península Ibérica. El topo está totalmente adaptado a la vida subterránea, hasta el punto que estos animales no salen casi nunca al exterior. Su hábitat es una complicada red de galerías que construyen ellos mismos con mucha habilidad. De vez en cuando, tiene que expulsar la tierra sobrante de las excavaciones al exterior para poder continuar, y el resultado son los montones de tierra que aparecen repartidos en los campos habitados. Los topos son insectívoros, pero buena parte de su dieta la constituyen las lombrices, que a menudo capturan y almacenan en una cámara adecuada como despensa.

Curiosidades

3   Los topos son más listos de lo que parecen. Antes de tragarse las lombrices, las sujetan con la boca y las limpian detenidamente con las patas delanteras. Si les cae un poco de tierra encima, se sacuden exactamente como lo haría un gato o un perro.

Especies semejantes

4   El topo ibérico, casi idéntico pero un poco más pequeño, es exclusivo de la península Ibérica.

Desmán ibérico
Galemys pyrenaicus

¿Cómo es?

1   Inconfundible. Visto de lejos nos puede parecer una rata pequeña o una musaraña gigante, pero el desmán ibérico es uno de los animales más particulares de nuestra fauna. Tiene el cuerpo regordete, recubierto de pelos largos que se reúnen en puñados cuando acaba de salir del agua. Las patas traseras son muy grandes, y cuentan con dedos palmeados como los patos. La cola es pelada, como la de una rata parda. La cabeza, sin orejas, con unos ojos tan pequeños que quedan escondidos entre el pelaje y con una nariz prominente, acabada en una trompa móvil que husmea en todas direcciones, al final de la cual aparecen los dos orificios nasales, pequeños y redondos.

¿Cómo vive?

2   Se trata de una especie exclusiva de la península Ibérica, que no encontraremos en ningún otro rincón del planeta. Vive en torrentes de montaña de aguas limpias y fondos pedregosos, tanto en los Pirineos como en la Cordillera Cantábrica, Sistema Ibérico, Galicia y norte de Portugal. Como las musarañas, el desmán ibérico lleva un ritmo de actividad muy alto y tiene que comer muy a menudo. Es un carnívoro especializado en la captura de todo tipo de invertebrados acuáticos, que localiza con la ayuda de su trompa sensible y móvil. También pilla, si puede, algún pececito, sobre todo si no está en perfectas condiciones, y puede comer carroña.

Curiosidades

3   La denominación coloquial francesa de la especie, *rat-trompet*, es muy descriptiva de la curiosa forma de la nariz del desmán ibérico.

Musaraña gris
Crocidura russula

¿Cómo es?

1
Es con diferencia la especie más extendida y abundante de todas las musarañas ibéricas. Se trata de un animal más pequeño que un ratón casero, de color gris y con el pelo corto y espeso. Tiene la cabeza grande y alargada como un embudo que termina con una nariz larga y móvil que olfatea sin parar. Las orejas son redondeadas, no muy grandes, pero visibles. Los ojos, en cambio, están ahí pero son muy pequeños.

¿Cómo vive?

2
Las musarañas grises son adaptables. Las encontraremos tanto en bosques abiertos como setos, montones de piedras o de troncos y también en zonas cultivadas, aunque tienen una predilección especial por las zonas con hierba seca abundante. A menudo se instalan también en zonas habitadas, como huertos o jardines, donde buscan los gusanos, arañas e insectos, que son la base de su alimentación. Les encantan las crisálidas de las mariposas y, si lo encuentran, también pueden devorar un pajarillo o un ratón muerto.

Curiosidades

3
Las musarañas son los mamíferos más pequeños que existen, aunque, dentro de las musarañas ibéricas, la musaraña gris es una de las especies más bien grandes. Como pasa con otros mamíferos, ser mayor tiene ventajas en climas más fríos, ya que la superficie expuesta al exterior es más pequeña en relación con la masa del cuerpo, y por eso las musarañas grises son más grandes hacia el norte de su área de distribución, donde alcanzan los quince gramos. Hacia el sur, su peso se reduce a la mitad.

Musaraña tricolor
Sorex coronatus

¿Cómo es?

1
Sólo un poquito más pequeña que una musaraña gris. Buscando el detalle, podemos observar sus orejas más escondidas por el pelaje, sus ojos un poco más grandes y su nariz más corta. Como bien dice su nombre, tiene tres colores: la espalda es gris oscuro, los flancos son color avellana y el vientre es claro.

¿Cómo vive?

2
A diferencia de la musaraña gris, que es una especie mediterránea que ocupa casi toda la península Ibérica, la musaraña tricolor es típica de climas atlánticos, y no se extiende mucho más allá de la Cordillera Cantábrica y los Pirineos.

Curiosidades

3
Todas las musarañas son animales muy nerviosos que se mueven frenéticamente y necesitan comer muy a menudo. Por eso los especialistas que las capturan vivas con trampas de caja tienen que ir con cuidado, porque una musaraña puede pasar poco rato sin comida. Una noche entera en la trampa es casi garantía de muerte.

Especies semejantes

4
Todas las musarañas son muy parecidas, pero las del género *Sorex* y los musgaños del género *Neomys* tienen las puntas de los dientes de color rojizo, a diferencia de la musaraña gris y del musgaño enano, que las tienen completamente blancas. A menudo, sin embargo, el color no es suficiente, y hay que mirar la fórmula dental exacta. Curiosamente, en los estudios de los contenidos de las egagrópilas de las rapaces nocturnas, una sola mandíbula permite identificar sin margen de error cualquier especie, lo que con el animal vivo en las manos a veces es más complicado.

Musgaño enano
Suncus etruscus

¿Cómo es?

1 Éste es un animal de récord, ya que tiene la fama de ser el mamífero terrestre más pequeño del mundo. Pesa alrededor de dos gramos (las crías mucho menos, claro está) y mide unos cuatro centímetros sin contar la cola, que está decorada con algunos pelos largos dispersos como los que encontraremos también por todo el cuerpo sobresaliendo del pelaje. En comparación con otras musarañas, tiene las orejas muy visibles y la cabeza muy grande.

¿Cómo vive?

2 En ambientes mediterráneos, ya sean cultivos, olivares, viñedos, a veces cerca de zonas habitadas; siempre acariciado por el calor de las tierras bajas. Necesita comer muy a menudo, día y noche, tanto o más que las demás musarañas. Normalmente, una vez ha comido, se duerme un rato para digerir, pero despierta enseguida y el hambre le obliga otra vez a buscar comida sin parar. Al cabo del día, un musgaño enano puede comer incluso el doble de su propio peso.

Curiosidades

3 Las musarañas viven muy poco tiempo, llegando a un año y medio o dos de edad como máximo. Durante este tiempo, las hembras paren tres o cuatro veces. Para mudarse de casa, los pequeños se agarran fuerte a la cola de la madre y de los hermanos y se desplazan todos juntos formando una especie de procesión de musarañas.

Especies semejantes

4 Con una buena observación, el musgaño enano es fácil de identificar por su tamaño diminuto y por algunos pelos largos que sobresalen del pelaje convencional, y que son especialmente visibles en la cola. Corriendo entre los henares, es una musaraña más.

Musgaño patiblanco
Neomys fodiens

¿Cómo es?

1 Se trata de la mayor musaraña de Europa, y, sin embargo, no suele pasar de veinte gramos de peso. Es la más fácil de identificar por su coloración, mucho más oscura en la espalda que en la barriga. Muy de cerca, veremos su cola larga y sus pies grandes, revestidos de pelos rígidos que le facilitan los desplazamientos en el agua.

¿Cómo vive?

2 Siempre cerca del agua, en riachuelos de montaña de aguas limpias y nerviosas, pero buscando las proximidades de las pozas, donde las aguas están más tranquilas. Como todas las musarañas, come todo lo que se mueve y llega a alcanzar, pero añadiendo presas estrictamente acuáticas como renacuajos, larvas de tritones y salamandras, insectos acuáticos e incluso pequeños peces. A pesar de sus adaptaciones a la vida acuática, se zambulle únicamente para buscar comida. Para ella, sumergirse representa un gran esfuerzo, y las inmersiones tienen que ser cortas y provechosas. Si hay comida disponible en el suelo, ¡cualquiera se pone en remojo!

Curiosidades

3 Los musgaños patiblancos tienen una saliva tóxica que les sirve para paralizar a sus presas cuando las capturan. Si por alguna casualidad nos muerden y nos llegan a atravesar la piel, algo que no es fácil, podemos notar cierta irritación.

Especies semejantes

4 El musgaño de Cabrera, que es prácticamente idéntico pero un poco más pequeño y con el vientre más claro.

Murciélago de herradura
Rhinolophus spp.

¿Cómo es?

1

Los murciélagos de herradura son inconfundibles por la fisonomía de su cara, que les da nombre, con orejas puntiagudas y la presencia muy visible de una excrecencia cutánea en forma de herradura en la nariz.

¿Cómo vive?

2

Son estrictamente nocturnos y viven básicamente de polillas y otros insectos que capturan al vuelo. Como los otros murciélagos europeos, para orientarse en la oscuridad emiten ultrasonidos, que rebotan con los objetos que hay en el espacio. Las orejas y la estructura especial de la cara les permiten recoger el "rebote", identificar el objeto y actuar en consecuencia. Necesitan un cierto grado de humedad para mantener su cuerpo en buen estado, especialmente la delicada membrana que forma las alas. Por esta razón son nocturnos y se refugian durante el día en lugares oscuros y húmedos. Los de herradura los podemos encontrar hibernando dentro de cuevas o minas; pero, en cambio, las colonias de cría, en verano, se suelen instalar en edificios humanos abandonados. Para poder colgarse bien cuando llegan volando, sus rodillas están hechas de manera que se pueden doblar hacia los dos lados. Las hembras de los murciélagos de herradura tienen un par de mamas situadas muy atrás, cerca de la cola, que han perdido su función original y sirven a las crías para agarrarse al cuerpo de su madre.

Curiosidades

3

Los murciélagos de herradura son muy sensibles a la presencia del hombre, por lo cual es muy importante no molestarles, especialmente en las colonias de cría. Por otra parte, también hay que tener presente que no es nada recomendable coger los murciélagos con las manos desnudas, sin protección, aunque se trate de un ejemplar herido o enfermo o que haya entrado en una casa, ya que podemos recibir alguna mordedura e incluso nos pueden transmitir alguna enfermedad. Los dos consejos se pueden aplicar, en general, a todas las especies de murciélagos.

Especies semejantes

4

Tenemos cuatro especies de murciélago de herradura: el mediterráneo (arriba), el grande (en el centro a la izquierda y abajo), el pequeño (en el centro a la derecha) y el mediano. El pequeño es diminuto como un murciélago común y el grande es mayor que un orejudo. Aparte del tamaño, se diferencian por el diseño de las excrecencias cutáneas de su cara.

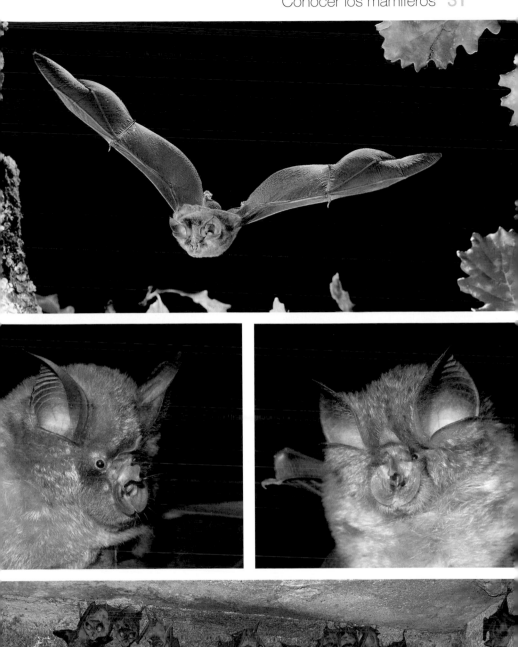

Murciélago enano
Pipistrellus pygmaeus

¿Cómo es?

1

El murciélago más pequeño de Europa es mucho más pequeño que un ratón: pesa entre dos y seis gramos, tiene un antebrazo de unos treinta milímetros y con las alas bien abiertas apenas llega a medir un palmo. Es de color claro, tiene la cara limpia, casi sin pelo, y las orejas de tamaño medio.

¿Cómo vive?

2

En campos y pueblos. Les gusta revolotear al lado de las farolas para capturar los insectos que se acercan atraídos por su luz. Antes de que amanezca, se retiran a sus refugios, situados siempre en rendijas muy estrechas, tanto en tejados como en grietas de las paredes o en rincones inaccesibles de edificios habitados. Viven en colonias a veces bastante numerosas. En el delta del Ebro son abundantes y ocupan con avidez las cajas nido.

Curiosidades

3

Los especialistas identifican los murciélagos por los ultrasonidos que emiten, y por esta razón el murciélago enano también es conocido como murciélago soprano.

Especies semejantes

4

Tenemos unas cuantas especies del género *Pipistrellus*, todas muy pequeñas, de color más oscuro, y muy parecidos entre ellas. El murciélago de borde claro (*Pipistrellus kuhlii*) es el más fácil de reconocer por una banda de color blanco-amarillento, muy delgada, que recorre todo el borde externo de sus alas. El murciélago común (*Pipistrellus pipistrellus*) es tan parecido al murciélago enano que hasta hace sólo unos cuantos años las dos se consideraban la misma especie.

Murciélago montañero
Hypsugo savii

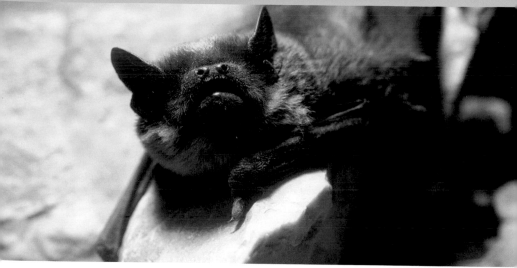

¿Cómo es?

1   Poco mayor que un murciélago común, pero bastante parecido; la verdad es que hasta hace poco, el murciélago montañero estaba incluido en el género *Pipistrellus*. Lo reconoceremos por su cara y sus orejas, casi negras, y por el color castaño oscuro con tonos dorados del pelaje de la espalda, que contrasta con el vientre, mucho más claro. El trago (excrecencia de piel que aparece dentro de la oreja) es ancho, y el pelo que le cubre el cuerpo, más bien largo.

¿Cómo vive?

2   Como indica su nombre, teóricamente vive en zonas de montaña, pero en la práctica lo podemos encontrar cazando sobre ríos y lagos y también en los pueblos, aprovechando los insectos atraídos por el alumbrado urbano. Para refugiarse durante el día, le gustan las rendijas estrechas y profundas que ofrecen los grandes riscos de piedra y también los edificios. No es una especie muy abundante, pero se extiende por toda la Península y aparece también en Baleares y en las islas occidentales de Canarias.

Curiosidades

3   La mayor parte de especies de murciélagos no tienen nombres populares arraigados para cada especie, dada la dificultad para identificar las treinta especies, más o menos, que tenemos en el país. Así que la nomenclatura que aparece en los libros a menudo es cosecha propia de los autores, que no siempre se ponen de acuerdo. En las tierras de Lérida también son conocidos como *esmuriacs* o *muricecs*, en referencia al hecho de que supuestamente son animales mudos y ciegos, muy parecido al *muricego* o *morcego* gallegos. Naturalmente, nada más lejos de la realidad.

Murciélago ratonero pardo
Myotis emarginatus

¿Cómo es?

1 También conocido como *murciélago de Geoffroy*. Se puede reconocer por la silueta de sus orejas, que empiezan anchas en la base pero que se estrechan de repente en su mitad, para acabar mucho más delgadas, detalle que se puede apreciar muy bien en el ejemplar que hay mirando a cámara en el lado derecho de la fotografía. Con el murciélago en la mano, nos podemos fijar en los pelos de su espalda, que son claramente tricolores, con su base oscura, que se aclara hacia la parte media para acabar de color marrón avellana en las puntas. Es una especie de tamaño medio, con un antebrazo que mide en torno a 40 mm.

¿Cómo vive?

2 No es muy abundante, pero está extendido por media Europa, Oriente Medio y el norte del África. Es una especie muy gregaria, que en la época de cría forma piñas apretadas en el techo de las cavidades donde se instala, ya sean cuevas o edificaciones humanas. Está especialmente capacitado para capturar insectos en el suelo o en las ramas de los árboles, como orugas y escarabajos.

Curiosidades

3 Le gusta compartir espacios con otras especies de murciélagos, y es fácil encontrarlo criando conjuntamente con murciélagos de herradura grandes.

Especies semejantes

4 Todos los murciélagos del género *Myotis*, que son unas cuantas, comparten un parecido, con la cara típica de "ratón", de color de carne más o menos oscuro, y desprovista de cualquier rasgo destacable. El ratonero pardo, sin embargo, se puede reconocer por la forma particular de sus orejas.

Murciélago ratonero ribereño
Myotis daubentonii

¿Cómo es?

1 Pequeño, poco más grande que un murciélago común, con la espalda entre marrón y gris, el vientre muy claro y unos pies muy grandes en comparación con otros murciélagos de su tamaño. Tiene la cara cubierta de pelo corto. Los orificios nasales se abren hacia los lados y su diminuto labio inferior tiene forma triangular y parece siempre un poco abierto.

¿Cómo vive?

2 Casi en toda Europa. Caza insectos al vuelo, especialmente sobre ríos, lagos y otras masas de aguas tranquilas, pero también lo podemos encontrar en prados y bosques claros.

Curiosidades

3 Las patas grandes de esta especie y las del murciélago ratonero patudo son una adaptación para pillar los insectos que flotan en la superficie del agua. El hallazgo de escamas en restos de excrementos ha permitido certificar que, aunque sea esporádicamente, estos murciélagos son capaces incluso de capturar algunos peces diminutos que se acercan a la superficie.

Especies semejantes

4 El murciélago ratonero ribereño parece una copia en pequeño del murciélago ratonero patudo (*Myotis capaccinii*), un pariente cercano que tiene los pies todavía más grandes y que vive en toda la Europa mediterránea, pero siempre relativamente cerca de la costa y a poca altura (normalmente por debajo de los 500 metros). Cría en cuevas y simas a veces a mucha profundidad, donde se mezcla y se confunde con los murciélagos de cueva.

Murciélago ratonero grande
Myotis myotis

¿Cómo es?

1 Una de las especies más grandes de Europa: su antebrazo mide en torno a los sesenta milímetros, y puede llegar a pesar cuarenta gramos. Con el animal en las manos, se aprecia que sus orejas, relativamente grandes, llegan más allá de la nariz si las doblamos hacia adelante. El trago, aguzado, alcanza apenas la mitad de la oreja.

¿Cómo vive?

2 Es un murciélago de alas relativamente anchas y cortas, con capacidad de maniobra para cazar en bosques y cultivos de frutales, aunque también sobrevuela matorrales y zonas abiertas. Las hembras se agrupan para criar en colonias numerosas dentro de cavidades y minas abandonadas, mientras que los machos son más solitarios y a veces aparecen dentro de edificios o agujeros naturales. Les gusta capturar grandes insectos terrestres, especialmente escarabajos e incluso alacranes cebolleros. Los estudios de los excrementos han demostrado que también pueden capturar pequeñas musarañas.

Curiosidades

3 Algunos autores han bautizado esta especie como murciélago orejudo grande, lo que puede dar lugar a confusión con los murciélagos orejudos del género *Plecotus*, que se merecen más que nadie el sobrenombre de *orejudos*.

Especies semejantes

4 El murciélago ratonero mediano (*Myotis blythii*) es idéntico, pero sólo un poco más pequeño y con las orejas más cortas, con la nariz ligeramente más estrecha y, a veces, una manchita clara en la nuca. Apenas los especialistas saben diferenciar las dos especies al primer vistazo, a no ser que aparezca la mancha clara en la nuca que es exclusiva del ratonero mediano.

Orejudo
Plecotus spp.

¿Cómo es?

1   Inconfundible por sus orejas inmensas, en comparación con el cuerpo las más grandes de toda la fauna europea. Cuando están en reposo doblan las orejas atrás y hacia debajo de las alas, y queda sólo visible el trago puntiagudo, erecto, que se puede confundir con una pequeña oreja.

¿Cómo vive?

2   Son murciélagos de alas anchas y cortas y eso los permite volar lentamente, con una gran capacidad de maniobra, de manera que son especialistas en capturar polillas y otros insectos nocturnos en pleno vuelo. A veces se esperan al acecho, quietos, hasta que localizan una presa interesante. También, si la presa es demasiado grande, pueden posarse para comérsela más cómodamente.

Curiosidades

3   A los murciélagos orejudos les gustan los edificios, que utilizan incluso para criar, agarrados al techo, muy apretados los unos con los otros. También ocupan agujeros de árboles y cajas nido. Soportan relativamente la actividad humana a cierta distancia, y a veces instalan las colonias de cría en la parte más alta de las bóvedas de las iglesias.

Especies semejantes

4   El género *Plecotus* incluye varias especies, tres de las cuales viven en la península Ibérica y otra es exclusiva de las islas Canarias. Todos son muy parecidos, casi idénticos, pero, en cambio, los orejudos son absolutamente diferentes de cualquier otro murciélago europeo.

Barbastela
Barbastella barbastellus

¿Cómo es?

1   La barbastela es de tamaño medio y de color oscuro, casi negro, fácil de identificar por su fisonomía única, con la nariz muy chata y las orejas tan anchas en la base y enfocadas hacia delante que llegan a tocarse en el centro de la frente e incluso sobresalen un poco hacia los lados. Inconfundible.

¿Cómo vive?

2   Es un murciélago de bosque, que se refugia sobre todo en agujeros de árboles muertos o heridos, pero también en casas abandonadas y cavidades naturales, siempre en sitios estrechos, como bajo la corteza podrida de los árboles o bajo las tejas de pizarra de los refugios de montaña. Caza pequeños insectos al vuelo, a menudo sobre los árboles o en los límites del bosque, donde es más fácil encontrar comida. Como pasa con muchos murciélagos, los machos son más solitarios; las hembras, en cambio, se reúnen en pequeñas colonias para criar. Tiene una distribución irregular, más abundante hacia el norte de la Península, en zonas montañosas. También está presente en Baleares y en Canarias, a veces a bastante altura sobre el nivel del mar.

Curiosidades

3   La palabra barbastela proviene del latín y significa "barba de estrella", en referencia a los pelos largos, de color blanquecino, que se extienden como una barbilla bajo el labio inferior de este murciélago. Aparte de eso, también es el nombre de un sitio web con información interesante sobre el mundo de los murciélagos: *http://www.barbastella.org*.

Murciélago de cueva
Miniopterus schreibersii

¿Cómo es?

1 Especie única en su familia, se trata de murciélagos de tamaño medio con alas largas y estrechas y una cara chata muy característica. Sus orejas, triangulares, pequeñitas, tan largas como anchas, están bien situadas una a cada lado de la cabeza, separadas por el pelo de la espalda que se extiende hacia delante hasta tocar los ojos y la nariz.

¿Cómo vive?

2 Como dice su nombre, los murciélagos de cueva no son nada urbanos, y se pasan el día escondidos en simas, cuevas o minas abandonadas. Se trata de murciélagos migradores, que pueden volar a gran velocidad y a mucha altura, lejos de los núcleos urbanos. Suelen vivir en grandes colonias, y cambian de refugio en las diferentes épocas del año para buscar las mejores condiciones. Así que cada temporada recorren los centenares de kilómetros que separan las cuevas de cría de las cuevas de hibernación, y, si conviene, utilizan otras cuevas para pasar temporadas entre estaciones. Los hay por toda la Península y también en Baleares.

Curiosidades

3 Los murciélagos de cueva son los más gregarios del país y los más representativos de todos los que pueblan las cavidades subterráneas. A veces se pueden ver enjambres de centenares e incluso miles de individuos que, muy apretados entre ellos, llegan a forrar unos cuantos metros cuadrados del techo o de las paredes de la cavidad. Pueden compartir refugio con otros murciélagos, especialmente del género *Myotis*.

Murciélago hortelano
Eptesicus serotinus

¿Cómo es?

1 Un murciélago de buen tamaño, robusto, con un antebrazo que a menudo sobrepasa los cincuenta milímetros, de color marrón que contrasta con su cara, su nariz y sus orejas, todo ello de color negro. Sus ojos son grandes y sus orejas, dobladas hacia delante, no sobrepasan la punta de la nariz. La última parte de la cola sobresale un poco del patagio. Sujetado con las manos no está quieto, tiene mal carácter, enseña los dientes y quiere morder activamente.

¿Cómo vive?

2 En toda la Península y también en Baleares. Suele refugiarse en construcciones humanas, a veces habitadas. Le gusta meterse en rendijas pero a veces también se cuelga de una viga y muestra todo su cuerpo al descubierto. Sale muy temprano, justo cuando empieza a anochecer, así que es fácil disfrutar de su vuelo irregular, como de mariposa, en torno a las casas de campo y también dentro de los pueblos. Identificarlo en vuelo es imposible, claro está, pero es fácil ver que se trata de un animal mucho más grande que los murciélagos comunes. Es una especie abundante, sobre todo en latitudes bajas.

Curiosidades

3 Como todos los murciélagos, el hortelano es un ejemplo de longevidad en comparación con su tamaño: hay datos de ejemplares que han sobrepasado los veinte años de edad. Aunque la verdad es que sus costumbres sedentarias facilitan recapturar ejemplares marcados, algo que en otras especies es mucho más complicado.

El murciélago hortelano puede ser portador de un virus parecido a la rabia que a veces causa bastantes bajas en sus poblaciones. Aunque es raro que este virus se transmita al hombre, hay que ir con cuidado con la manipulación de esta especie y, en general, de todos los murciélagos.

Murciélago rabudo
Tadarida teniotis

¿Cómo es?

1

Otro murciélago grande, en este caso muy fácil de reconocer porque es la única especie europea que tiene la mitad de la cola libre, que sobresale algunos centímetros del patagio, de manera que una buena observación permitiría identificarlo incluso en pleno vuelo. Además, la fisonomía de su cara también es muy particular, con las orejas bastante grandes, que nacen tocándose en la base sobre el cogote y parecen plegadas hacia adelante, encima de la cabeza.

¿Cómo vive?

2

Le gusta meterse en rendijas de los riscos, y también en las situadas en las paredes de las simas y de las cuevas; las paredes de los edificios altos, si tienen agujeros, pueden sustituir los riscos naturales. Es un gran volador, como lo demuestran sus alas largas y estrechas, que sale tarde del refugio, cuando ya casi es de noche y otras especies ya están volando hace rato. Se alimenta de insectos voladores de un buen tamaño, especialmente mariposas nocturnas, que captura con su vuelo raudo semejante al de los vencejos, a veces a centenares de metros de altura. Su biología es poco conocida, pero sabemos que es más abundante en zonas cálidas y que vuela incluso cuando hace mal tiempo. Los hay por toda la Península, con más presencia hacia el sur. También lo encontraremos en Baleares y en las islas occidentales de Canarias.

Curiosidades

3

Parece que los murciélagos rabudos no están capacitados para llevar a cabo una auténtica hibernación. Eso explicaría su actividad incluso en noches de lluvia y la ausencia de la especie en zonas de clima demasiado frío.

Nóctulo pequeño
Nyctalus leisleri

¿Cómo es?

1 El más pequeño de los nóctulos tiene un buen tamaño comparado con otros murciélagos, con un antebrazo de unos cuarenta milímetros. Tiene ojos grandes y orejas de tamaño medio, anchos en la base, con trago en forma de riñón. Sus alas largas y estrechas le dan un vuelo rápido y potente. Es de color marrón oscuro, no tan rojizo como el nóctulo gigante.

¿Cómo vive?

2 Se distribuye por bosques de la Península y de Canarias. Los nóctulos son murciélagos forestales, que tienen preferencia por refugiarse en agujeros de árboles viejos o muertos, aunque eso no impide que les podamos encontrar en edificios o en grietas de las rocas. Son grandes migradores (se han comprobado desplazamientos de más de mil kilómetros) que salen temprano a cazar, a veces cuando todavía hay luz de día, y se alimentan de insectos que capturan en pleno vuelo. Cuando cae en las redes de los especialistas que los capturan para estudiarlos, el nóctulo pequeño es muy gruñón, mientras lo tengamos en las manos no parará de refunfuñar.

Curiosidades

3 La conservación de los bosques maduros, que incluye una representación de árboles de todas las edades, con presencia de árboles muertos llenos de cavidades que se pudren poco a poco en el bosque, es indispensable para la supervivencia de las especies forestales como los nóctulos. La silvicultura basada sólo en la explotación económica del bosque, por lo tanto, perjudica directamente estos murciélagos, que no encuentran cavidades en condiciones para instalarse y al final desaparecen cuando un bosque se convierte en una plantación.

Nóctulo gigante
Nyctalus lasiopterus

¿Cómo es?

1 Es el murciélago más grande de Europa, a muy poca distancia de los mayores murciélagos ratoneros. Su antebrazo mide cerca de setenta milímetros de largo y el animal, con las alas bien extendidas, alcanza casi medio metro de envergadura. Es fácil reconocerlo por su fisonomía típica de nóctulo, su gran tamaño y la coloración rojiza de su cuerpo.

¿Cómo vive?

2 Es un gran volador de distribución todavía poco conocida, que encontraremos extendido irregularmente en bosques maduros de toda la Península, donde se refugia en los agujeros de los árboles. En el parque de María Luisa, en Sevilla, hay una población muy estudiada de unos quinientos ejemplares, que ha permitido comprobar que los nóctulos gigantes capturan y comen regularmente pájaros pequeños en pleno vuelo, durante la migración. Hace poco ha aparecido en cajas nido en la Garrotxa (Gerona).

Curiosidades

3 El nóctulo gigante es el mayor de los murciélagos europeos, pero es un enano comparado con los megaquirópteros tropicales que se alimentan de fruta, que con sus alas abiertas tienen la envergadura de un milano.

Especies semejantes

4 Las tres especies de nóctulos que habitan en la península Ibérica son parecidas, con una expresión de la cara bastante semejante basada en orejas anchas con trago pequeño y redondeado y morro desnudo. Por el tamaño, sin embargo, parecen tres tallas del mismo modelo: el nóctulo pequeño no suele pasar de veinte gramos, el medio puede llegar hasta cuarenta y el gigante tiene su límite de peso hacia los setenta gramos. Nada que ver con los murciélagos enanos, que a veces pesan dos o tres gramos.

Murciélago egipcio
Rousettus aegyptiacus

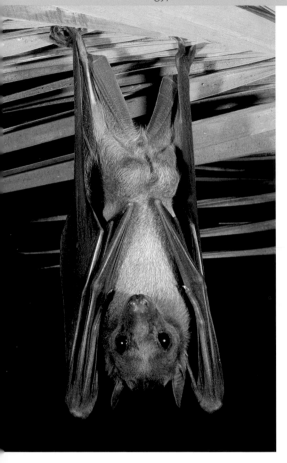

¿Cómo es?

1 Mucho más grande y muy diferente a todos los murciélagos europeos, ya que, de hecho, es un megaquiróptero, es decir, un pariente cercano de los zorros voladores que viven en climas tropicales. Aunque es mucho más pequeño que la mayor parte de sus parientes, es un animal robusto, que pesa entre cien y ciento cincuenta gramos y es grande como un puño. Tiene ojos grandes, orejas cortas y fisonomía de zorro. Una pieza única e inconfundible.

¿Cómo vive?

2 En casi todo el continente africano, incluido Egipto, de donde le viene el nombre, y también en Chipre y la costa sur de Turquía. Introducido recientemente en Tenerife. Viven en colonias numerosas dentro de cuevas, a veces muy profundas, pero también puede instalarse en árboles grandes en medio de las ciudades, como es el caso de El Cairo. Se alimenta de frutas de todo tipo, y aprecia especialmente las variedades cultivadas: plátanos, melocotones, manzanas, higos, dátiles…

Curiosidades

3 Estos murciélagos se comercializan como mascota exótica y se pueden mantener en cautividad con una buena alimentación y temperatura elevada. Precisamente, desde el año 2000 hay dos poblaciones introducidas en Tenerife, formadas a partir de animales escapados de cautividad, probablemente de alguno de los parques zoológicos de la isla. El gobierno canario trata de erradicar estas poblaciones porque se alimentan en los cultivos de árboles frutales y, además, pueden competir directamente por la comida con las palomas endémicas de las islas. Por otra parte, los agricultores molestos con los murciélagos no distinguen las especies y otros murciélagos autóctonos, como el endémico orejudo canario, pueden pagarlo caro.

Macaco de Berbería
Macaca sylvana

¿Cómo es?

1

El único primate que vive en libertad en Europa, aparte del hombre, es una mona sin rabo, del tamaño de un perro medio, de pelo claro más bien largo y costumbres bastante terrestres.

¿Cómo vive?

2

Estas monas son originarias de las montañas de Marruecos, donde pueden llevar vida bastante arborícola, pero mantienen una población reducida en la Roca de Gibraltar, donde están muy acostumbradas a los visitantes, y se pasean por las barandillas y los patios de la estación del funicular. La presencia de fósiles de monas en Europa hace suponer que esta población podría ser autóctona, aunque la verdad es que ha sido reforzada de vez en cuando con animales foráneos. Las crías nacen con los ojos bien abiertos y se agarran al pelo de la madre, que no las abandona ni un momento. Las hembras suelen tener sólo una cría, que necesita un año para ser independiente y tres o cuatro años para llegar a ser una mona adulta. Comen de todo, desde insectos y pequeños invertebrados hasta productos vegetales como frutos y semillas. Aunque en Gibraltar está prohibido alimentarlas, también aprovechan toda clase de comida que les ofrecen los turistas. Pueden vivir más de veinte años.

Curiosidades

3

Parece que una superstición inglesa asegura que si un día las monas desaparecen de la Roca los ingleses también la tendrán que abandonar, por lo que procuran mantener la población en buen estado e incluso han realizado alguna repoblación. De vez en cuando, sin embargo, tienen que eliminar algún ejemplar porque el exceso de confianza a la hora de buscar comida las convierte en un peligro público para la población.

Conejo
Oryctolagus cuniculus

¿Cómo es?

1   Es la variedad salvaje del conejo doméstico. El aspecto recuerda mucho un conejo doméstico de color pardo, más esbelto y con orejas más cortas.

¿Cómo vive?

2   Los conejos son animales sociales, amantes de setos y espacios abiertos, que rehuyen los bosques espesos. Son activos desde el atardecer hasta la madrugada, y suelen pasar el día escondidos en vivares que excavan ellos mismos. Estas madriguera colectivas pueden llegar a tener muchas entradas y convertirse en una gran "urbanización" subterránea, pero en la época de cría las hembras se retiran y paren en solitario, en un agujero sin bifurcaciones que no suele ser muy profundo. Los conejos son prolíficos, una coneja puede criar varias veces al año, aunque el número de gazapos no suele ir mucho más allá de tres o cuatro por parto. Los pequeños nacen ciegos y sin pelo, al cabo de unos diez días abren los ojos y al cabo de tres semanas ya pueden comer alimentos sólidos. La alimentación consiste básicamente en hierbas y otros productos vegetales.

Curiosidades

3   Los conejos son autóctonos de Europa pero han sido "exportados" a varios lugares del mundo. El caso más conocido es el de Australia, donde fueron introducidos en 1859 y, al encontrarse prácticamente sin enemigos naturales, se reprodujeron hasta convertirse en un problema para la agricultura y la vegetación. El conejo es uno de los animales más perseguidos por los cazadores, y el gran número de bajas es compensado anualmente con repoblaciones organizadas por las mismas sociedades de cazadores. Desgraciadamente, en algunos casos se utilizan animales cruzados con conejos domésticos, que perjudican la raza pura del conejo de monte.

Conejo americano
Sylvilagus floridanus

¿Cómo es?

1   El conejo americano, también conocido como conejo de cola de algodón, parece un conejo autóctono, pero un poco más pequeño, con las orejas más reducidas y la cola también más corta, más redondeada y más pequeña, como una bolita de algodón.

¿Cómo vive?

2   En espacios abiertos y prados como los conejos autóctonos, de los cuales se diferencia sobre todo por su comportamiento reproductivo: el conejo americano no construye madrigueras, sino que pare sus crías al aire libre, como las liebres. En este ambiente, claro está, los gazapos tienen que espabilarse enseguida y por eso nacen peludos y con los ojos abiertos, muy espabilados, a diferencia de los conejos autóctonos, que nacen muy desvalidos pero, en cambio, disfrutan del cobijo de una guarida subterránea. Técnicamente, pues, los conejos europeos son típicos animales nidófilos, mientras que los conejos americanos están dentro del grupo de los nidífugos, al cual también pertenecen las liebres, las codornices o las perdices.

Curiosidades

3   El conejo americano llegó a Europa ya hace años, criado en cautividad, y ha habido algunos intentos de reintroducción en varios países, entre los cuales el nuestro. El argumento más utilizado para defender la introducción es que esta especie no sufre la enfermedad de la mixomatosis, que tanto ha castigado las poblaciones de conejos autóctonos. Las introducciones de especies foráneas, sin embargo, no suelen acabar bien. En este caso, por suerte para el equilibrio ecológico de nuestros campos y bosques, los proyectos de reintroducción no han prosperado.

Liebre ibérica
Lepus granatensis

¿Cómo es?

1 Parece una liebre europea pero es claramente más pequeña (pesa alrededor de tres kilos) y de color más terroso en las patas y en los lados. Las orejas, grandes, toman un tono azulado por la parte interior durante la época de celo.

¿Cómo vive?

2 En zonas abiertas y cálidas, es muy abundante en las llanuras de Castilla, en el levante de la Península y también en Andalucía. En el norte del Ebro desaparece para dar paso a la liebre europea. Como las otras liebres, pasan el día en el lecho, inmóviles, protegidas por su coloración, que las funde totalmente con el entorno, y al anochecer empiezan a activarse. Recién nacidas, se pueden diferenciar de las liebres europeas por su morro totalmente achatado.

Curiosidades

3 El interés cinegético de las liebres provoca que a menudo se hagan repoblaciones. Pero las liebres no crían muy bien en cautividad, por lo cual sale más a cuenta capturarlas en lugares donde es abundante y liberarlas acto seguido en el lugar elegido para repoblar. Esta "técnica" ha traído muchas liebres ibéricas del sur de la Península hacia las tierras más frías y húmedas del norte. Pero las liebres ibéricas no se encuentran bien en un hábitat que no es el suyo y desaparecen enseguida de las zonas recién repobladas.

Especies semejantes

4 La liebre europea, que es mucho más grande, de color más grisáceo, y con las orejas más largas en comparación con el cuerpo. En Aragón conviven las dos especies: las europeas son conocidas como *liebres pardas* y las ibéricas, como *liebres pequeñas*. Hay una tercera especie de liebre autóctona, la liebre de piornal, que vive sólo en la Cordillera Cantábrica.

Liebre europea
Lepus europaeus

¿Cómo es?

1 Aspecto de conejo, pero mucho mayor (suele sobrepasar los cuatro kilos de peso), con las patas posteriores muy largas, adaptadas para desplazarse saltando a gran velocidad. Las orejas son claramente más largas que en los conejos y tienen una mancha negra muy visible en el extremo superior.

¿Cómo vive?

2 Las liebres son animales de espacios abiertos. Las encontraremos en llanuras y cultivos y también en prados de montaña, donde viven siempre al aire libre, ya que no excavan ningún tipo de guarida ni siquiera para criar. Las hembras paren directamente en el suelo. Normalmente, tienen un par o tres de lebratos, que, contrariamente a los conejos, nacen totalmente recubiertos de pelo, y con los ojos bien abiertos. Los primeros días se están muy quietos confiando pasar desapercibidos gracias a su pelaje mimético. Pero muy pronto ya empiezan a caminar y comer hierba del prado. Las hembras gestantes pueden ser cubiertas por un macho, y volver a quedar embarazadas, de manera que durante un tiempo pueden llevar en el vientre dos camadas de diferentes edades. El nacimiento de la primera serie no afecta a los fetos más jóvenes que se están desarrollando, que nacerán de manera normal cuando hayan acabado su tiempo de gestación. Este fenómeno se llama *superfetación*.

Curiosidades

3 A pesar de sus costumbres herbívoras, las liebres también pueden comer carne, y no es nada extraño verlas levantarse de los alrededores de una carroña. De hecho, en cautividad, las condiciones de estrés y de poco espacio estropean la cría a menudo porque los padres devoran a sus propios hijos nada más recién nacidos.

Ardilla roja
Sciurus vulgaris

¿Cómo es?

1
No hace falta descripción, ya que hablamos del único roedor que cae bien y que todo el mundo conoce. Tamaño de rata, con cola y orejas peludas, mucho más en invierno que en verano. Se dan diversas variedades de coloración, desde un tono rojizo hasta un marrón oscuro que casi tiende a negro. Su vientre siempre es blanco.

¿Cómo vive?

2
Las ardillas son habitantes típicas de los pinares, donde se desplazan con mucha habilidad subiendo y bajando de los troncos y saltando de rama en rama con la ayuda de la cola, que les da estabilidad en el salto. Comen básicamente semillas y materia vegetal, aunque a veces también prueban algún alimento de origen animal. Saben abrir las piñas del pino albar y del pino carrasco con mucha facilidad para extraer sus piñones y, si conviene, son capaces incluso de roer las grandes piñas del pino piñonero. Para hacerlo, las sujetan con las manos y roen la base de las brácteas hasta cortarlas, una por una, empezando por la base de la piña. Para criar construyen nidos globulares que cuelgan en los árboles. Su estructura exterior es grande, hecha de ramillas, y de lejos puede recordar un nido de urracas. Pero está prácticamente cubierto por todas partes, y dentro hay a menudo cordeles, trozos de ropa, musgo y otros materiales que recogen para hacer más acogedor su hogar temporal. Las ardillas son muy hurañas en la naturaleza. Pero, en cambio, hay poblaciones urbanas, como la del parque del Retiro de Madrid, que aprovechan restos de comida de los visitantes.

Curiosidades

3
Las ardillas suelen construir simultáneamente unos cuantos nidos dispersos por la zona donde viven. Si los adultos desconfían de la seguridad del nido, no dudan en coger los cachorros con la boca, normalmente tres o cuatro, y trasladarlos, uno por uno, a otro nido más seguro. Este comportamiento los ayuda también a combatir las pulgas que invaden los nidos. Aunque la operación es delicada: un susto o una equivocación pueden llevarles a perder la cría durante el traslado.

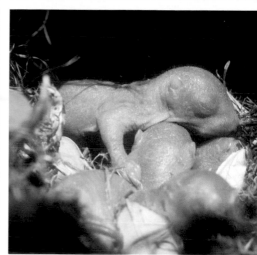

Ardilla moruna
Atlantoxerus getulus

¿Cómo es?

1 Ardillas terrestres, largas y esveltas, con orejas pequeñas sin pincel de pelos, con la espalda claramente listada por bandas claras y oscuras que las hacen inconfundibles. Su cola también es peluda, pero poco espesa, y no se enrosca sobre la espalda cuando cogen la comida con las manos (la cola espesa es muy útil para mantener el equilibrio saltando por los árboles, pero a ras del suelo no tiene tanto sentido).

¿Cómo vive?

2 Son abundantes en Marruecos, donde ocupan especialmente las paredes de piedra artificial construidas para aguantar las carreteras y pistas forestales. Son diurnas, aunque al mediodía, cuando hace mucho calor, se refugian en sus galerías subterráneas, donde también crían como los conejos. Son sociables, viven siempre en colonias pequeñas y se alimentan de semillas y materia vegetal, y también aprovechan insectos y caracoles. A menudo se levantan muy erguidas sobre sus patas traseras para observar el entorno.

Curiosidades

3 Una pareja de ardillas morunas comprada en Sidi Ifni en 1965 por un particular acabó liberada accidentalmente en la isla de Fuerteventura, en Canarias, y, exactamente como Adán y Eva, empezaron a tener descendencia hasta el punto que actualmente en Fuerteventura ya hay muchas más ardillas que personas. La población actual de la isla se acerca a los trescientos mil ejemplares y, como especie introducida que es, representa un problema directo para la flora y la fauna autóctonas y, al mismo tiempo, un atractivo para el turismo. Aunque no están nada protegidas, sino más bien perseguidas, en algunos lugares de la isla se han acostumbrado a la gente y se acercan hasta el punto de coger la comida de sus manos.

Ardilla gris
Sciurus carolinensis

¿Cómo es?

1   La ardilla gris, también conocida como ardilla americana o ardilla de Carolina, es grande y robusta, ya que puede pesar medio kilo. Su cola, muy espesa, parece más aplanada y no tan cilíndrica como en las ardillas autóctonas. También tiene la panza blanca, pero su cuerpo es siempre grisáceo, con zonas más terrosas en los flancos. Sus ojos están bordeados de un ribete de color claro y sus orejas no llevan pincel de pelos en ninguna época del año.

¿Cómo vive?

2   Tiene costumbres parecidas a las ardillas autóctonas, aunque su especialidad no es abrir piñas. En cambio, aprovecha mucha más variedad de semillas de árboles, especialmente caducifolios, y también roe cortezas e incluso yemas de las plantas.

Curiosidades

3   Estas ardillas provienen de Norteamérica, donde ocupan el mismo nicho ecológico que las ardillas europeas, aunque prefieren los bosques caducifolios. En Europa las encontraremos sólo introducidas. En Inglaterra liberaron unas cuantas ya hace más de un siglo, y su adaptación ha sido tan perfecta que han arrinconado las ardillas autóctonas hacia las zonas menos favorables, y ahora las ardillas grises son las más frecuentes en las tierras bajas. En los parques urbanos de Londres no pasan desapercibidas: son tan mansas que compiten con las palomas para coger la comida de las manos de los visitantes. Por suerte, de momento no han llegado hasta España.

Especies semejantes

4   Las ardillas europeas autóctonas son más pequeñas y rojizas, con orejas peludas.

Coipú
Myocastor coipus

¿Cómo es?

1 Los coipús miden un metro de longitud, repartido entre el cuerpo, que alcanza los sesenta centímetros, y una cola de rata que puede llegar a los cuarenta. Tienen el cuerpo cubierto por una borra de pelos cortos muy espesos que les permite hacer vida acuática sin enfriarse y, además, también tienen unos pelos largos y sueltos, de color negro, repartidos por todo el cuerpo, que les dan el aspecto de rata de agua gigantesca, de hasta diez kilos de peso.

¿Cómo vive?

2 Como las ratas de agua autóctonas, se alimentan básicamente de vegetación acuática, como carrizo, enea, frutas y brotes tiernos de cualquier planta, incluidas las variedades cultivadas. Sin embargo, a diferencia de las ratas, las crías de coipú nacen muy adelantadas, muy peludas, con los ojos abiertos y los dientes casi a punto para roer.

Curiosidades

3 Son originarios de Suramérica, pero el valor de su piel los trajo a Europa como animales de granja criados exclusivamente dentro del sector de la peletería. La industria peletera aprendió enseguida que, arrancando los pelos largos de los coipús, la borra restante puede pasar perfectamente por una piel de nutria. Después del retroceso causado por la guerra, la cría del coipú para aprovechar su piel siguió adelante, hasta extenderse por la mayor parte de países de Europa. Algunos ejemplares se escaparon de las granjas, y ahora los coipús son muy abundantes en zonas húmedas como la Camarga, en el sur de Francia. En la península Ibérica hay poblaciones aisladas, todas ellas en las vertientes de los Pirineos (Valle de Arán) o de la Cordillera Cantábrica (País Vasco y Navarra).

Marmota
Marmota marmota

¿Cómo es?

1   Un pariente terrestre de las ardillas que mide medio metro de largo y pesa hasta ocho kilos. Tiene unos incisivos muy grandes que utiliza en discusiones domésticas, para defenderse de los enemigos y, sobre todo, como herramienta específica para cortar la hierba de los prados de montaña. El cuerpo es pardo claro, con algunas partes más oscuras, y una cola vistosa, larga y peluda.

¿Cómo vive?

2   Sólo en los canchales y en los prados de la alta montaña, no muy lejos de sus madrigueras. Se pasan el día comiendo hierba, tomando el sol y vigilando los alrededores levantadas sobre sus patas traseras. En caso de peligro a la vista, ya sea un águila real o un ser humano, emiten un chillido estridente y, en cuestión de segundos, desaparecen bajo tierra, en galerías profundas que excavan ellas mismas y que alcanzan unos cuantos metros de profundidad. Tienen un periodo de hibernación muy largo, que depende del lugar donde viven, pero que puede ser de más de medio año. Son animales sociales que hibernan también en grupo, todas enroscadas y apretadas dentro de un mismo refugio. La expresión "dormir como una marmota", pues, parece del todo acertada.

Curiosidades

3   Las marmotas son autóctonas en los Alpes y en los Cárpatos, pero el hombre las ha introducido en varias cordilleras europeas. En los Pirineos franceses liberaron algunas hace años, y ellas mismas cruzaron la cordillera hacia la vertiente sur. Al principio, más de un excursionista confundió el silbato de las marmotas con silbatos auténticos de persona. Aquí son muy hurañas, pero en el collado de Grossglockner, en los Alpes austríacos, son muy confiadas, hasta el punto de que se acercan a los visitantes y toman comida directamente de las manos.

Puercoespín

Hystrix cristata

¿Cómo es?

1   Con más de medio metro de longitud, entre diez y quince kilos de peso y medio cuerpo recubierto de pinchos de más de un palmo de largo, el puercoespín es uno de los animales más inconfundibles de todos los que viven en Europa.

¿Cómo vive?

2   A pesar de su aspecto, también es un roedor, es decir, un pariente de las ratas y las ardillas que, como ellas, se alimenta de productos vegetales, ya sean hierbas, frutas, tubérculos o cortezas de las plantas, aunque, de vez en cuando, también aprovecha alimentos de origen animal. Los puercoespines viven en casi todo Centroáfrica y África del Norte excepto el Sáhara y se acercan también a las ciudades, como Ceuta y Melilla. También habitan en casi toda Italia, Albania y el norte de Grecia, introducidos según parece desde la época romana, y el registro fósil certifica que, en el pleistoceno, también habían vivido en la península Ibérica. Su cobertura de pinchos, que en realidad son pelos transformados, le garantiza una buena defensa contra sus enemigos. Sus púas son muy largas y cuando se sienten amenazados las mueven produciendo un sonido muy típico, como de matraca. Su parecido con los erizos, que también tienen los pelos transformados en pinchos, no tiene nada que ver con un origen común, sino que es el resultado de una adaptación parecida llevada a cabo por dos animales muy diferentes, en este caso un roedor y un insectívoro: eso es lo que los científicos denominan *convergencia evolutiva*.

Curiosidades

3   Antiguamente, eran animales apreciados: su carne se consideraba comestible y los pinchos tenían aplicaciones diversas, como la elaboración de flotadores para cañas de pescar. Hoy en día, a pesar de su tamaño considerable, hay quien los mantiene como una mascota doméstica un poco especial.

Castor
Castor fiber

¿Cómo es?

1 Es el roedor más grande de Europa, una rata gigantesca que puede medir más de un metro de largo y pesar hasta treinta kilos. Con esta corpulencia y sus formas rechonchas, los castores son pesados y se mueven lentamente en tierra, pero en el agua, la situación cambia radicalmente. Tienen patas palmeadas como los patos y una cola plana y potente que les sirve de timón, lo que, combinado con un pelaje muy denso, les convierte en los roedores mejor adaptados a la vida acuática.

¿Cómo vive?

2 Son animales sociables que viven en grupos bajo el mismo techo. Desaparecieron de la península ibérica hace ya trescientos años, pero recientemente han vuelto a aparecer, introducidos, en la cabecera del Ebro. Son vegetarianos estrictos y tienen los dientes incisivos tan desarrollados que son capaces de cortar ramas e incluso árboles ribereños enteros. Se comen los brotes, las hojas y la corteza, y aprovechan los troncos para construir diques y refugios con diferentes estancias y pasillos, con una entrada por debajo del agua que les da seguridad. Con el tiempo, los castores van ampliando las construcciones hasta convertirlas en auténticos castillos de más de dos metros de altura.

Curiosidades

3 Cuando el nivel del agua baja, la entrada sumergida puede quedar al descubierto y, por lo tanto, al alcance de enemigos terrestres a los que conviene mantener a distancia. Los castores tratan de evitar esta situación comprometida construyendo diques de troncos y ramas que retienen el agua y hacen subir el nivel hasta la altura deseable, justo por encima de la entrada de su castillo de troncos.

Topillo mediterráneo
Microtus duodecimcostatus

¿Cómo es?

1 Poco mayor que un ratón doméstico, de color gris claro, con el cuerpo diminuto y regordete, ojos y orejas pequeños y cola corta.

¿Cómo vive?

2 Los topillos son roedores adaptados a la vida subterránea. Viven bajo tierra en laberintos de túneles que ellos mismos excavan, y que les permiten acceder a las raíces y tubérculos de los que se alimentan. Los topillos no tienen manos excavadoras como los topos y tienen que excavar la tierra con sus dientes. El topillo mediterráneo es con diferencia el más extendido por todo el país, especialmente en zonas de influencia mediterránea, a menudo en huertos y cultivos.

Curiosidades

3 Observar los topillos en libertad es complicado debido a sus costumbres subterráneas. En cambio, sí es fácil comprobar su presencia por los montoncitos de tierra que sacan a la superficie de la zona donde habitan. Son los escombros de su trabajo, la tierra que tienen que extraer para continuar avanzando en la construcción de las galerías. Una buena idea para verlos personalmente es seguir los tractores cuando labran campos de cultivo habitados por estos roedores, sobre todo si se trata campos de alfalfa que llevan años sin ser trabajados. Entonces los arados expulsan los topillos al exterior, mientras ellos hacen lo posible para volver bajo tierra. Las cigüeñas lo saben y siguen a los tractores para capturarlos.

Especies semejantes

4 Hay siete topillos ibéricos, todos muy parecidos, hasta el punto de que a veces incluso los expertos tienen problemas para identificarlos a simple vista.

Topillo rojo
Myodes glareolus

¿Cómo es?

1 Del tamaño del topillo mediterráneo o, si acaso, un poco mayor, pero fácil de identificar por el color rojizo de toda la parte superior de su cuerpo, que se va volviendo grisáceo hacia los lados y se aclara mucho en el vientre. Tiene hábitos poco subterráneos en comparación con otros topillos, y por eso tiene ojos y orejas un poco mayores. La cola también es más larga que en el topillo mediterráneo, casi llega a medir la mitad de la longitud de su cuerpo.

¿Cómo vive?

2 El topillo rojo no lo encontraremos en los campos de cultivo, al contrario, le gustan los bosques ribereños, y se instala a menudo en las paredes de piedra y zonas con matorrales y troncos cerca de los arroyos. Come todo tipo de alimento de origen vegetal, desde raíces hasta fruta, además de corteza, hojas, hongos, semillas e insectos y gusanos. En la península Ibérica habita sólo en el norte, repartido irregularmente entre la Cordillera Cantábrica, los Pirineos y el Montseny.

Curiosidades

3 Como todos los topillos, los topillos rojos viven en galerías subterráneas que excavan ellos mismos ayudándose, pero, como decíamos, a este topillo también le gusta salir al exterior, hasta el punto de que a menudo cae en las trampas de caja para roedores que los estudiosos de los micromamíferos colocan para conocer las especies que habitan en cada lugar.

Especies semejantes

4 Los adultos son fáciles de identificar con un poco de experiencia. Los jóvenes, más grises, se pueden confundir fácilmente con otros topillos.

Topillo agreste
Microtus agrestis

¿Cómo es?

1

Sólo un poco más grande que el topillo campesino. El color de su pelaje es marrón oscuro, con el vientre más claro. Las orejas, diminutas, casi no se ven entre el pelaje, que es más largo que en otros topillos. Su cola es corta y claramente más oscura en su parte superior.

¿Cómo vive?

2

Es otra especie de amplia distribución europea que vive incluso en Escandinavia. En la península Ibérica, en cambio, no llega mucho más allá de los Pirineos y la Cordillera Cantábrica. Le gustan los ambientes húmedos y frescos, como por ejemplo los bosques de pinos de los Pirineos, los límites de los bosques caducifolios y los arroyos de montaña, y también los herbazales densos poco o nada explotados por el ganado, donde excava sus galerías a ras de superficie, a veces protegidas sólo por la propia vegetación.

Curiosidades

3

Todos los topillos (y también la rata de agua, que pertenece a la misma familia) tienen muelas de crecimiento continuo, que crecen a medida que se van desgastando, a diferencia de las ratas y los ratones, que tienen muelas "convencionales" con raíces, parecidas a las nuestras. Los cráneos de los topillos, por lo tanto, se identifican fácilmente porque las muelas no tienen raíces, sino una forma alargada, un poco curva, que permite sacarlas fácilmente de su punto de inserción en el cráneo. En un nivel avanzado, la forma de la sección de estas muelas permite identificar con exactitud todas las especies de topillos, algo a veces complicado teniendo el animal vivo en la mano.

Topillo campesino
Microtus arvalis

¿Cómo es?

1

Un topillo pequeño y regordete, de color castaño-amarillento, con el vientre de color blanquecino. Tiene orejas bien visibles, con muchos pelos diminutos en su parte interior.

¿Cómo vive?

2

Es una especie extendida por casi toda Europa, que vive también en la mitad norte de la península Ibérica. En Cataluña es un topillo típico de los prados de montaña de los Pirineos, donde a menudo se instala bajo grandes bloques de piedras y se deja ver al aire libre mucho más a menudo que otros topillos. En las llanuras de la mitad noroeste de la Península, en cambio, puede llegar a ser muy abundante en cultivos de regadío.

Curiosidades

3

Las poblaciones de estos topillos suben y bajan cíclicamente, con puntas de gran abundancia cada tres o cuatro años. Para las rapaces nocturnas, estas explosiones demográficas significan alimento abundante, así que aprovechan para criar el máximo número de polluelos. Los hombres, en cambio, identificamos cada uno de estos ciclos con la llegada de una plaga que hay que combatir. Y la verdad es que no hace falta, porque en la naturaleza siempre después de una subida viene una bajada, y entre la presión de los depredadores y la bajada reproductiva de los mismos topillos, rápidamente todo vuelve a su lugar.

Especies semejantes

4

El topillo campesino se parece al topillo agreste, pero se diferencian por las orejas: el topillo campesino las tiene muy visibles y el topillo agreste las tiene escondidas, casi cubiertas de pelo.

Topillo nival
Chionomys nivalis

¿Cómo es?

1   Grande, casi el doble de las especies de topillo que hemos visto hasta ahora (puede llegar a pesar sesenta o setenta gramos) y de color gris plateado, a veces más marronáceo hacia la espalda, con los pies y la cola muy claros, blanquecinos. Su cola es más larga que la de otros topillos (mide tanto como la mitad de la longitud de la cabeza y el cuerpo) y los bigotes son también muy largos, muestra de su actividad poco subterránea.

¿Cómo vive?

2   Es un especialista que sólo encontraremos en canchales y pedrizas de zonas de montaña como los Alpes, los Pirineos y la Cordillera Cantábrica, por lo que sus poblaciones están a menudo muy aisladas (la población de Sierra Nevada es el mejor ejemplo de aislamiento). En este entorno hostil, no hay mucho para escoger, así que el topillo nival, además de productos vegetales de todo tipo, aprovecha también insectos y pequeños vertebrados, como crías de lagartija y de ratón. En invierno tiene la costumbre de almacenar comida dentro de las galerías. En ningun caso llega a ser una especie abundante como pasa con otros topillos.

Curiosidades

3   Todo parece indicar que el topillo nival fue una especie que se expandió mucho durante la época fría de las glaciaciones y llegó a tener una distribución muy amplia. Pero después, el calentamiento del clima lo fue echando de las tierras bajas, hasta llegar a la situación actual, en la que sólo quedan poblaciones aisladas en zonas de montaña. Esta distribución, por otra parte, es compartida con otros animales y plantas que han pasado por el mismo aprieto, como el edelweiss o la perdiz nival.

Rata de agua
Arvicola sapidus

¿Cómo es?

1
La rata de agua es regordeta, peluda, con orejas pequeñas y cola corta. A pesar de su apariencia de rata, sin embargo, es una parienta de los topillos, como lo demuestran sus muelas de crecimiento continuo propias de esta familia, en contraposición con las muelas con raíces convencionales que tienen las ratas y los ratones.

¿Cómo vive?

2
La encontraremos siempre muy ligada a las masas de agua dulce, especialmente si están limpias y estancadas, con bastante vegetación en las orillas, desde el nivel del mar hasta más de dos mil metros de altitud. Es herbívora y vive en guaridas que excava ella misma en las orillas. Es una especie en regresión. En el delta del Ebro, por ejemplo, había sido muy abundante años atrás, y ahora ha desaparecido casi completamente. La destrucción de su hábitat y la presencia de ratas pardas la perjudican directamente.

Curiosidades

3
La novela *Las ratas*, de Miguel Delibes, define a la perfección el entorno humano alrededor de las ratas de agua en un tiempo no muy lejano en el que todavía eran consumidas tradicionalmente.

Especies semejantes

4
La rata topo es muy parecida, pero sólo vive en la Cordillera Cantábrica y en el Valle de Arán, en prados de montaña lejos del agua. Las poblaciones ibéricas de ratas topo viven bajo tierra como los topillos, construyen túneles y se pueden detectar por los montones de tierra que sacan fuera. En cambio, en Europa hay poblaciones que también viven ligadas a las masas de agua dulce.

Ratón casero
Mus domesticus

¿Cómo es?

1   El auténtico ratón de los cuentos es diminuto, de color gris oscuro, con los ojos negros como dos granitos de mora, las orejas de tamaño medio y la cola larga y pelada. Su vientre es más claro, de color cenizo. Hay variedad en la coloración, y se encuentran ejemplares bastante oscuros y otros más claros.

¿Cómo vive?

2   Muy ligado a la actividad humana, ya que, de hecho, se come lo que encuentra dentro de las propias casas o bien en los gallineros, cobertizos y granjas. Los ratones empiezan a entrar en las casas con timidez, sólo salen de noche y apenas se dejan ver. Sin embargo, si no hay gatos a la vista, cuando se conocen todos los recovecos se vuelven más desvergonzados, y son capaces de cruzar la cocina y recorrer todos los rincones de la pared, incluso a pleno día. Roen la ropa, rascan las galletas y el jamón, y anidan en los cajones poco usados, donde acumulan pedacitos de papel y de ropa para construir su cama. Las crías nacen desnudas, de color rosado y diminutas, pero crecen deprisa y se independizan en seguida. Dependen de los hombres hasta el punto de que desaparecen al poco tiempo cuando una casa deja de ser habitada, y ahora ya es difícil encontrarlos lejos del hombre.

Curiosidades

3   El ratón casero es el antepasado de todas las razas de ratones de laboratorio, ya sean los blancos más típicos u otras variedades de colores, a veces totalmente negros o incluso moteados como las vacas frisonas.

Especies semejantes

4   El ratón mediterráneo es el pariente salvaje más próximo: es más marrón que gris y no entra en las casas habitadas.

Ratón de campo
Apodemus sylvaticus

¿Cómo es?

1 Muy bonito, con el pelo color avellana, la cola larga, la panza blanca y la cabeza grande y alargada, adornado con orejas grandes y redondas y ojos negros, grandes, que parecen querer salir del cuerpo. El ratón de campo mide el doble que un ratón casero.

¿Cómo vive?

2 En todo tipo de hábitats, desde la línea de mar hasta los prados de la alta montaña, pero si puede, elige los límites del bosque con sotobosque espeso. Es una especie abundante en toda Europa y en el norte de África, que habita también en casi todos los rincones de la Península y en todas las islas del archipiélago balear. Falta en Canarias. Los ratones de campo son oportunistas que aprovechan cualquier materia comestible, básicamente de origen vegetal. Les gustan especialmente las bellotas, y por eso abundan en los robledos y en los encinares, pero también roen castañas, frutas y todo tipo de semillas del bosque. Por su abundancia son presas habituales de muchos depredadores, entre los cuales hay algunas especies de rapaces nocturnas.

Curiosidades

3 Estos ratones son con diferencia los micromamíferos más abundantes en muchas zonas con un mínimo de cobertura vegetal, hasta el punto de que a menudo representan hasta el noventa por ciento de las capturas en las campañas de estudio de micromamíferos.

Especies semejantes

4 El ratón leonado, que encontraremos sólo en algunos puntos del norte peninsular, es tan parecido que en algunos lugares pasó desapercibido por la ciencia durante años, mimetizado con el ratón de campo.

Rata parda
Rattus norvegicus

¿Cómo es?

1 La típica rata grande de color gris, con orejas pequeñas y cola larga, gruesa y pelada, de color rosado. Puede llegar a pesar casi medio kilo.

¿Cómo vive?

2 Las ratas viven totalmente ligadas a la presencia del hombre. Es quizás el mejor ejemplo de cómo un animal ha sabido aprovecharse de la actividad humana. Utiliza las buhardillas, los cobertizos y las alcantarillas para vivir y para criar y puede alimentarse prácticamente de cualquier cosa comestible. Pueden criar cada dos meses y parir una docena de pequeños en cada parto. A los pocos meses los jóvenes ya son reproductores, y todo esto lleva a que la rata sea uno de los animales más abundantes que existen. En muchas grandes ciudades viven más ratas que personas, y su distribución se extiende por todos los rincones donde llegan a instalarse los humanos. Son animales sociales. Todos los miembros de un mismo clan se reconocen entre ellos por su olor y tienen una jerarquía muy bien establecida.

Curiosidades

3 Las ratas son originarias de zonas templadas de Siberia y de China, donde todavía ahora hay poblaciones salvajes que no dependen de los humanos. Llegaron a Europa en el siglo XVIII, seguramente a través de los barcos que en aquella época ya comunicaban todas las grandes ciudades.

La rata blanca que utilizan muchos laboratorios como animal de experimentación es una variedad albina de esta misma especie.

Especies semejantes

4 La rata negra es muy parecida, pero es un poco más pequeña y tiene las orejas y la cola más largas.

Rata negra
Rattus rattus

¿Cómo es?

1   Tiene las orejas muy grandes, la cola más larga que el cuerpo y en general es más pequeña y esbelta que la rata parda.

¿Cómo vive?

2   Es una rata de bosque que trepa a los árboles, donde construye grandes nidos de ramas, mucho más grandes que los de las ardillas. Las ratas negras no son tan prolíficas como las pardas. Las camadas tienen una media de siete u ocho cachorros, que nacen sin pelos y con los ojos cerrados, pero que crecen enseguida gracias a las atenciones constantes de la madre, que se encarga también de mantener el nido en buen estado aportando en todo momento el material que haga falta. Con sólo tres meses, las crías ya son independientes e incluso capaces de reproducirse, pero no todas lo consiguen. Una rata joven es un manjar delicioso para muchos depredadores y la vida media de una rata negra no supera un año. Tiempo de sobra para, con un poco de suerte, criar un par o tres de veces y asegurar al menos la descendencia.

Curiosidades

3   En otros tiempos, las ratas negras vivían en pueblos y ciudades, y se aprovechaban de los desperdicios de los hombres, pero esta situación se acabó hacia el siglo XVIII. Entonces la expansión de la navegación trajo otra rata asiática, mucho más agresiva y de mayor tamaño: la rata parda. Hoy en día las ratas pardas ocupan las zonas habitadas, y las ratas negras, más pequeñas y menos agresivas, han tenido que retroceder hacia el monte, aunque a veces también entran en las casas de campo. Cuando tienen que convivir con las ratas pardas, las ratas negras ocupan siempre el tejado y la parte alta de las casas y las pardas se quedan en los sótanos o en la planta baja.

Lirón careto
Elyomis quercinus

¿Cómo es?

1

Es un roedor de tamaño medio, más pequeño que un lirón y no mucho más grande que un hámster adulto. El lirón careto es muy atractivo en comparación con otros roedores. Su cara tiene un diseño particular, con una banda de color negro sobre los ojos que se expande por debajo de las orejas y que es el origen de su nombre: careto. Su cola, larga y poco peluda, acaba con un pincel blanco de pelos más largos.

¿Cómo vive?

2

Los lirones caretos son nocturnos y tímidos y, por lo tanto, muy difíciles de observar, aunque a veces se acercan a las zonas rurales y llegan a entrar a los habitáculos humanos. Son adaptables, trepan bien por los árboles pero también viven en zonas de grandes bloques de piedra o en las paredes de piedra seca entre los cultivos. Comen de todo, desde fruta, avellanas y bellotas hasta insectos, huevos, gusanos, caracoles e incluso pájaros pequeños. Crían en agujeros de los árboles, y a veces ocupan también las cajas nido destinadas a carboneros y herrerillos, que las tienen que abandonar ante la presencia de los lirones. Cuando llega el frío se esconden en su guarida y se duermen profundamente, y este reposo invernal se alarga hasta que llega el buen tiempo. Los encontraremos, con más o menos densidad, en casi toda la península Ibérica. En las zonas más frías, los lirones caretos hibernan profundamente como los lirones grises.

Curiosidades

3

En Baleares también hay lirones caretos, pero un poco más grandes. La variedad de mayor tamaño es la subespecie de Formentera, que puede pesar más de cien gramos, el doble del peso normal. Aquí son conocidas como *ratas sardas*.

Lirón gris
Glis glis

¿Cómo es?

1 Son roedores muy atractivos, casi del tamaño de una ardilla. Tienen un pelaje suave de color gris plateado, cola larga y peluda, ojos abultados y pequeñas orejas redondeadas.

¿Cómo vive?

2 En bosques frescos, que encontraremos sobre todo en los hayedos o en los robledales húmedos de los Pirineos y la Cordillera Cantábrica. Se alimentan de semillas y otros productos de origen vegetal, y les gustan especialmente los hayucos, las avellanas y las bellotas. Cuando las condiciones son favorables, normalmente a finales de verano, crían en agujeros de los árboles y también ocupan con gusto las cajas nido. A veces entran en los refugios de montaña y en las casas de campo a buscar comida, y no les importa que sean habitadas. Entonces buscan las alturas y utilizan las vigas de madera para cruzar habitaciones. Sus costumbres nocturnas los convierten en animales muy desconocidos.

Curiosidades

3 Los lirones grises tienen una letargia invernal muy larga, de casi medio año. Durante este tiempo, disminuyen la temperatura de su cuerpo y ralentizan el metabolismo hasta el punto que los podríamos coger con la mano sin despertarlos. Precisamente de aquí viene la expresión "dormir como un lirón".

Especies semejantes

4 Son inconfundibles, pero hay que tener presente que los lirones pueden perder la cola muy fácilmente para huir de un enemigo. Entonces, como no se regenera, su aspecto general cambia radicalmente.

Ratón espinoso
Acomys cahirinus

¿Cómo es?

1 Ratón grande, inconfundible por el pelaje de la parte posterior de la espalda, donde sus pelos largos, de color grisáceo, están rígidos y endurecidos, como engominados. Aparte de eso, el ratón espinoso se parece a un ratón de campo, por sus bigotes largos, ojos y orejas grandes y el pelaje de color de avellana, aunque mucho más claro.

¿Cómo vive?

2 En zonas áridas, pedregosas y semidesérticas de la parte oriental de la cuenca mediterránea, donde está adaptado a la sequía hasta el punto de que puede pasar sin beber agua si tiene frutos o vegetales jugosos a su disposición. Son los únicos ratones europeos nidífugos, es decir, que paren crías ya desarrolladas, peludas y con los ojos abiertos, réplicas en pequeño de los adultos capaces de espabilarse solas con muy pocos días de edad.

Curiosidades

3 En nuestro país han llegado como animales de compañía. Crían bien en cautividad y desde hace un tiempo aparecen en las tiendas de animales como alternativa a los ratones blancos de laboratorio. De momento no hay citas de estos ratones viviendo en libertad en España, pero no sería nada extraño que aparecieran en el futuro en zonas secas y cálidas del sur, sobre todo teniendo en cuenta el precedente de otras especies que han llegado como mascota y han acabado integradas en nuestra fauna.

Especies semejantes

4 Los adultos son inconfundibles por los pelos espinosos de su espalda. El ratón pigmeo africano (*Mus minutoides*), que también se cría como mascota, es parecido pero sin pelos endurecidos en la espalda y mucho más pequeño (los adultos miden apenas la mitad de un ratón casero).

Ratón listado
Lemniscomys barbarus

¿Cómo es?

1   Un poco más grande que un ratón de campo, es uno de los ratones más vistosos que existen. Tiene todo el cuerpo decorado con líneas negras que empiezan en la zona de los hombros y la nuca y recorren la espalda hasta llegar a la cola. Inconfundible.

¿Cómo vive?

2   Es una especie africana típica de zonas abiertas como sabanas, áreas semidesérticas y cultivos de secano. Llega por el norte hasta Marruecos allá donde el hábitat le es favorable y se instala a veces muy cerca de las ciudades. Está presente en Ceuta y en Melilla.

Curiosidades

3   Su diseño vistoso ha convertido también el ratón listado en una mascota exótica, y ahora ya se pueden encontrar, en cautividad, en toda Europa. Sus requerimientos especiales, sin embargo, sobre todo respecto a temperatura y alimentación pobre en grasas, lo convierten en una especie difícil de mantener y de criar en cautividad en comparación con los hámsteres y los ratones blancos.

Comadreja
Mustela nivalis

¿Cómo es?

1 El más pequeño de todos los carnívoros europeos. Es un animal alargado, con patas y cola cortas y orejas pequeñas y redondeadas. Toda la cabeza, la espalda y los lados son de color avellana uniforme, pero la garganta y el vientre son blancos. Los machos, que son más grandes que las hembras, pesan apenas doscientos gramos y son claramente más pequeños que una rata parda.

¿Cómo vive?

2 Las comadrejas no están en peligro de extinción, pero tampoco son muy abundantes. Viven dispersas por todas partes donde hay espacios abiertos cerca de setos o montones de piedras para esconderse. Les gustan los bosques de ribera, y a veces se instalan también muy cerca de zonas habitadas. Son muy activas tanto de día como de noche, y muy nerviosas. Se mueven continuamente, se levantan con facilidad sobre sus patas traseras y se esconden enseguida dentro de un agujero o bajo un montón de piedras cuando se sienten amenazadas. Se alimentan básicamente de ratones y otros roedores, y son los únicos carnívoros que gracias a su tamaño pueden acceder a las galerías subterráneas de los topillos para capturarlos dentro de sus guaridas; son, por lo tanto, animales muy beneficiosos para los cultivos.

Curiosidades

3 A pesar de su pequeño tamaño, la comadreja es un carnívoro muy valiente y bien dotado, capaz de matar y arrastrar una presa hasta cuatro veces más pesada que ella.

Especies semejantes

4 El armiño en pelaje de verano es parecido, pero un poco más grande y con la punta de la cola negra.

Armiño
Mustela erminea

¿Cómo es?

1

En verano parece una comadreja grande (los machos pueden llegar a pesar trescientos gramos) con la punta de la cola negra. En invierno, en cambio, muda su pelo y se vuelve blanco como la nieve, manteniendo sólo la punta negra de la cola.

¿Cómo vive?

2

En los Pirineos es un carnívoro de montaña, que vive en zonas abiertas, prados y canchales, y se acerca de vez en cuando a los refugios para aprovechar algún desperdicio comestible. Los armiños cantábricos, en cambio, llegan a vivir al nivel del mar. Estas dos poblaciones representan el límite sur de la distribución de la especie, que está mucho más extendida por toda Europa. Los armiños se alimentan de roedores y persiguen especialmente las ratas topo y las ratas de agua.

Curiosidades

3

En los Pirineos, el armiño es una de las joyas de la alta montaña, pero en cambio en Nueva Zelanda es una especie introducida muy abundante, que se considera una plaga. En estas islas no hay ningún mamífero terrestre autóctono. Todos los carnívoros introducidos, como los armiños, amenazan la fauna del país, y las autoridades organizan campañas para exterminarlos. En los centros de información de los parques naturales venden trampas para carnívoros y animan a los visitantes a colaborar en su erradicación. La campaña incluye unos adhesivos para los coches que dicen: "¿Cuatro patas? No, gracias", y pretende eliminar tantos armiños y otros mamíferos terrestres como sea posible.

Especies semejantes

4

Sólo la comadreja, que es mucho más pequeña, se podría confundir en verano en el norte de la Península, donde las dos especies pueden convivir.

Visón europeo
Mustela lutreola

¿Cómo es?

1   De color chocolate negro, con el cuerpo y la cola alargados. Tiene dos manchas blancas características en los dos labios. Los machos pueden alcanzar un kilo de peso; las hembras, en cambio, son más pequeñas y no suelen pasar de seiscientos gramos. Cuando se excita, emite una retahíla de chillidos cortos.

¿Cómo vive?

2   En ríos, pantanos y lagos de aguas limpias. Son animales silenciosos que instalan su guarida escondida dentro de la vegetación ribereña y, por lo tanto, verlos en libertad es muy difícil. En cambio, es fácil encontrar sus huellas en las pequeñas playas de los ríos y excrementos olorosos que dejan en lugares prominentes para marcar su territorio. Su alimentación es muy variada. Los visones son carnívoros semiacuáticos, que cazan y pescan bichos pequeños dentro o cerca del agua. Les gustan los pequeños mamíferos, como ratones, musarañas, topos y ratas de agua, pero si pueden también atrapan cualquier otro bicho.

Curiosidades

3   Desgraciadamente, el visón europeo no tiene el futuro nada claro. Sus amenazas más importantes son el visón americano y la pérdida del hábitat. Ahora mismo el visón europeo es, junto con el lince ibérico, el carnívoro más amenazado de Europa. Hasta la mitad del siglo XX era una especie abundante, pero hoy en día ocupa sólo un diez por ciento de lo que fue su distribución histórica. En todo el mundo sólo se conocen tres poblaciones: una en los países del Este de Europa, otra en el delta del Danubio y la tercera, pequeña y aislada, en el suroeste de Francia y en el norte de España.

Visón americano
Mustela vison

¿Cómo es?

1   El visón americano es muy parecido al visón europeo, pero un poco más grande. Visto de cerca, es fácil reconocerlo porque sólo tiene una manchita blanca en el labio inferior, o bien es todo uniforme, sin ninguna mancha. Es de color muy oscuro, casi negro, aunque también hay ejemplares marrones. Cuando se excita, emite un chillido largo y agudo.

¿Cómo vive?

2   Siempre cerca de masas de agua, ya sean ríos de aguas no demasiado rápidas o estanques e incluso balsas agrícolas; en general se puede decir que no son muy exigentes. Tienen una alimentación muy variada, capturan ranas y otros animalitos acuáticos, pero también destruyen nidos de pollas de agua y se les ha visto comiendo peces muertos. Son muy desvergonzados, y se dejan ver a pleno día tranquilamente. A menudo, también entran en las casas de campo y hacen estragos en los gallineros.

Curiosidades

3   El visón americano es una especie introducida en Europa a partir de animales escapados de las granjas de peletería y es uno de los factores que más perjudican directamente el visón europeo. De hecho, los proyectos de conservación del visón europeo incluyen campañas de exterminio del visón americano. En Cataluña, los primeros datos de visones viviendo en libertad se localizaron en 1981, procedentes de un par de granjas situadas en la vertiente norte del Montseny, donde estos animales eran criados a miles para aprovechar su piel. A partir de entonces, su número ha aumentado sin cesar y se han extendido por casi todas las comarcas de Barcelona y de Gerona. La historia se repite en Galicia, Castilla y Aragón.

Turón
Mustela putorius

¿Cómo es?

1
Se puede decir que es la variedad salvaje de los hurones domésticos y, de hecho, tanto la coloración como el tamaño y el aspecto son muy parecidos a los de un hurón "convencional", con una máscara oscura sobre los ojos que resalta en el resto de su cabeza, mucho más claro. El cuerpo es pardo con los pies más oscuros, casi negros.

¿Cómo vive?

2
Siempre ligado a las aguas dulces, tanto ríos como estanques o lagunas. Le gustan especialmente los prados inundables con acequias en las orillas. Se alimenta de anfibios, caracoles, insectos y también peces muertos o moribundos si están lo bastante mal para dejarse atrapar. No son grandes cazadores, pero lo aprovechan todo un poco; por lo tanto, parece que la dificultad de encontrar alimento no tiene que ser una causa directa de su extinción. Sin embargo, el turón está sufriendo un importante proceso de regresión en gran parte de su área de distribución. A la persecución directa por parte del hombre se añade la destrucción de su hábitat y, posiblemente, también la competencia del visón americano.

Curiosidades

3
Los hurones domésticos (fotos centrales e inferior) provienen de turones salvajes domesticados ya en tiempo de los romanos con el fin de ayudar a los hombres a cazar conejos. Los cazadores introducen el hurón adiestrado dentro de las madrigueras habitadas para obligar a los conejos a salir corriendo. Entonces los esperan fuera con la escopeta o bien los capturan vivos con unas redes especiales situadas en la boca de las guaridas, llamadas albanegas. Actualmente, esta técnica de caza está prohibida casi en todo el territorio, excepto en casos concretos en los que se utiliza para capturar conejos vivos en zonas muy pobladas, para soltarlos después en otras zonas donde escasean. En Canarias, por el daño que hacen los conejos introducidos sobre la vegetación autóctona, la caza con hurón está permitida. Caza aparte, hoy en día los hurones están de moda como animales de compañía de última generación.

Nutria
Lutra lutra

¿Cómo es?

1 Inconfundible, con el cuerpo alargado y una cola larga y musculada que utiliza como timón. Tiene los ojos y la nariz muy elevados en el conjunto de la cabeza, y membranas entre los dedos que la ayudan en la natación.

¿Cómo vive?

2 En ríos y estanques de aguas limpias. Huye de los pantanos artificiales, ya que los continuos cambios de nivel del agua no permiten el establecimiento de la vegetación ribereña imprescindible. Come sobre todo peces, ranas y cangrejos. Es territorial, y marca sus "propiedades" con excrementos pequeños y pastosos que sitúa encima de piedras visibles o bajo los puentes. Los excrementos son fáciles de reconocer por su textura quebradiza cuando están secos, y por su olor dulce a pescado, muy característico. Su actividad nocturna le ayuda a pasar desapercibida. Es abundante en Galicia y en Extremadura. En Cataluña casi había desaparecido, pero ha vuelto hace poco gracias a un proyecto de reintroducción.

Curiosidades

3 Años atrás, había sido perseguida hasta la muerte, acusada de comerse los peces, derecho que en aquel tiempo debieron suponer exclusivo de los hombres. En el Pla de l'Estany (Gerona), era muy abundante, y Jeroni Darder, el alma del museo de Banyoles, se quejaba públicamente de la excesiva abundancia de nutrias. He ahí un jugoso fragmento de un artículo suyo publicado en el semanario de Banyoles en 1913, que explica cómo capturarlas vivas y muertas y cómo alimentarlas en cautividad: "y una vez ésta [la carne] constituye la alimentación única y habitual se podrá, siguiendo en esta misma forma, sustituirla por pan, vegetales, patatas y por todas las demás substancias con las que ordinariamente solemos alimentar nuestros perros. Mas por razones fáciles de comprender no insistiremos más sobre este punto, ya que no es en absoluto la estima de la nutria lo que hay que fomentar, sino que lo que nos interesa es procurar su completa desaparición." Un siglo más tarde, su deseo se ha cumplido: la única nutria de Banyoles está bien disecada en el museo de la ciudad.

Garduña
Martes foina

¿Cómo es?

1 Es un carnívoro corpulento, casi del tamaño de un gato doméstico. Todo el cuerpo es de color marrón avellana, excepto una gran mancha blanca que se extiende por la zona de la barba y el cuello y que se ve a distancia, especialmente de noche. El diseño particular de esta mancha permite diferenciar prácticamente cada ejemplar.

¿Cómo vive?

2 Su casa son los bosques abiertos con roquedales y riscos, donde demuestran una gran facilidad para trepar. Tienen cierta tendencia a acercarse a las viviendas humanas, especialmente bordas y casas de campo abandonadas. A veces, este atrevimiento las lleva incluso a recorrer los tejados de masías habitadas, donde levantan las tejas buscando nidos de gorriones y lavanderas, aunque a las garduñas les gusta mucho la fruta y pueden disfrutar, por ejemplo, con una buena cosecha de madroños. De hecho, comen de todo, y su dieta varía durante el año en función de su disponibilidad. También comen pequeños mamíferos, insectos y pájaros si están a su alcance. Por sus costumbres tímidas y nocturnas es más desconocida que la comadreja, aunque a veces llega a criar en bordas y buhardillas de casas abandonadas. La encontraremos por toda Europa; en la península ibérica es más abundante en la zona mediterránea.

Curiosidades

3 Años atrás, las garduñas eran muy perseguidas, ya que en aquellos tiempos su piel valía más que un jornal. Actualmente, sin este aliciente económico, su persecución ha disminuido y estos carnívoros pueden vivir un poco más tranquilos.

Marta
Martes martes

¿Cómo es?

1   Se parece a una garduña pequeña, más rojiza y con orejas más grandes. La mancha del pecho es más pequeña, de bordes más regulares y de color más amarillento.

¿Cómo vive?

2   Más diurna que la garduña, es un carnívoro muy forestal que puede comer un poco de todo, desde un ratón hasta un pito negro, aparte de fruta, huevos y polluelos de pájaros y, en general, cualquier materia comestible. Está tan bien adaptada a la vida en el bosque que se mueve por las ramas con la agilidad de una ardilla. Su hábitat preferido son los bosques de coníferas bien conservados de los Pirineos y de la Cordillera Cantábrica. También las hay introducidas en Mallorca y en Menorca.

Curiosidades

3   La marta y la garduña son un buen ejemplo de cómo la evolución moldea lentamente las especies hasta llegar a crear formas diferentes a partir de un origen común. Estos dos carnívoros son todavía muy parecidos tanto genéticamente como físicamente, pero cada uno se ha ido especializando en la explotación de un tipo de hábitat concreto, y eso, con el tiempo, ha llegado a crear dos especies diferenciadas en un proceso que conocemos como *divergencia evolutiva*.

Especies semejantes

4   Físicamente, la marta todavía se parece mucho a la garduña, pero los hábitos arborícolas le han dado una figura más esbelta y ágil, y unas patas más largas, con las manos más anchas y cubiertas de pelo, adaptadas para agarrarse a las ramas y desplazarse sobre la nieve.

Tejón
Meles meles

¿Cómo es?

1

Puede alcanzar los 15 kilos de peso. El diseño de su cabeza es incon-fundible, con dos bandas negras sobre fondo claro que salen del hocico y llegan a las orejas cubriendo los ojos como un antifaz. Los machos son un poco más grandes que las hembras.

¿Cómo vive?

2

Se trata de un animal tímido y nocturno, que excava sus madrigue-ras a menudo en los ribazos de los torrentes. Las potentes uñas de sus manos le permiten construir galerías que a veces tienen decenas de me-tros de extensión, auténticas ciudades subterráneas que incluyen unas cuantas salas de estar y varias salidas al exterior. Las huellas, con dedos casi alineados, recuerdan la huella de un oso pequeño. Los excrementos son grandes y pastosos, casi humanos, y se acumulan en zonas de tierra removida.

Los tejones viven en grupos familiares, pero sólo se reproducen el macho y la hembra dominantes, el resto son tíos solteros o jovenes no emancipados. Crían una vez al año, a finales de invierno, y paren un par o tres de cachorros muy pequeños y desvalidos en comparación con los adultos. La gestación aparente puede ser muy variable, ya que los tejones tienen lo que se llama implantación diferida (después del apareamiento, el embrión se espera unos meses antes de empezar a crecer hasta que las condiciones ambientales no acompañan). Por esta razón se puede dar el caso que tejones hembra mantenidos en cautividad han parido muchos meses después de ser capturados, sin haber tenido durante este tiempo contacto con ningún macho. Son omnívoros, y les gusta más ir picando que dedicarse a perseguir grandes presas. Las lombrices son una parte muy importante de su dieta, pero comen muchos tipos de comida de origen tanto animal como vegetal.

Curiosidades

3

Algunas creencias populares hablan de dos tipos de tejones: el "cani-no" y el "porcino". Según esta teoría, los tejones que tienen la trufa de la nariz de color negro son caninos, y no son comestibles. Los que tienen la nariz rosada (que son pocos) son los porcinos, y son comestibles. En la práctica, sin embargo, la nariz rosada es un defecto de pigmentación y no tiene nada que ver con el sabor de su carne.

Glotón
Gulo gulo

¿Cómo es?

1   Aspecto general entre una marta muy grande y nada esbelta y un oso muy pequeño. El glotón no tiene ninguna mancha en la garganta y es de color oscuro. El tamaño es lo más definitivo: puede pesar treinta kilos, es más grande que un tejón y, por lo tanto, es el más grande de todos los mustélidos europeos.

¿Cómo vive?

2   Es un animal típico de los bosques fríos y de la tundra del norte de Europa, que vive desde Escandinavia hasta el norte de Rusia. Su tamaño grande, por lo tanto, es una adaptación al frío. Aparte de su tamaño, los pies grandes y peludos, con membranas entre los dedos, funcionan como unas raquetas, y son perfectos para desplazarse sobre la nieve blanda sin hundirse. Sin embargo, también sube y baja los árboles con bastante habilidad. El glotón es un carnívoro potente capaz incluso de capturar presas de gran porte como crías de alce y de reno. Pero no tiene complejos y también persigue a los lemmings, y si es necesario, come desde huevos hasta materia vegetal e insectos. A diferencia de los osos, el glotón no hiberna, al contrario, justamente en invierno es cuando puede poner mejor en práctica sus cualidades de cazador adaptado al frío y la nieve.

Curiosidades

3   Los animales de climas fríos, como el glotón, son más grandes que sus parientes próximos de climas cálidos, porque a medida que los animales son más grandes la superficie del cuerpo se reduce en proporción a su masa, y, por lo tanto, es más fácil mantener caliente un cuerpo grande que uno pequeño, ya que hay menos pérdidas de calor (eso explica, por ejemplo, por qué los osos y los lobos nórdicos son más grandes que los ibéricos, y por qué los mamuts eran más grandes que los elefantes).

Meloncillo
Herpestes ichneumon

¿Cómo es?

1   Muy parecido a otras especies de mangosta, pero absolutamente inconfundible dentro del contexto de la fauna europea, pues es el único representante de su género que vive en Europa. Es un animal de cuerpo alargado y color oscuro, con el peso de un gato doméstico. Su cabeza es puntiaguda con orejas cortas, que apenas sobresalen de la silueta. La cola empieza gruesa, como una prolongación del cuerpo, y va adelgazando para acabar en un pincel de pelos negros, más largos.

¿Cómo vive?

2   En Europa, esta mangosta sólo vive en las tierras cálidas del sur de la península Ibérica, tanto en España como en Portugal, donde se cree que llegó de alguna manera procedente de tierras africanas. Le gusta vivir en zonas de vegetación espesa, sobre todo cerca del agua, por donde se desplaza con mucha facilidad gracias a su forma y a la rapidez de sus movimientos. Es más diurno que la mayor parte de carnívoros. Puede cazar conejos, ratones o serpientes, pero también recoge insectos, fruta e incluso algo de carroña.

Curiosidades

3   Para nosotros es una especie estrictamente protegida por la ley. Pero fuera de aquí, la situación es diferente. Antiguamente, los egipcios consideraban los meloncillos animales sagrados, y los mantenían en casa como los gatos para alejar ratones y serpientes. Todavía hoy, los meloncillos habitan buena parte de África. En Marrakech (Marruecos), todavía se encuentran pieles en venta en las tiendas de la famosa plaza de la ciudad, e incluso hay tenderos que ofrecen animales vivos por encargo.

Jineta
Genetta genetta

¿Cómo es?

1   La jineta tiene todo el aspecto de un gato de cuerpo alargado y patas cortas, con la piel manchada y la cola anillada casi tan larga como su cuerpo.

¿Cómo vive?

2   En todo tipo de bosques, pero es más abundante en zonas cálidas de tierras bajas. Su carácter tímido, junto con sus costumbres nocturnas, le permite a menudo pasar desapercibida incluso muy cerca de zonas habitadas. Así ha llegado a criar en cobertizos de casas de campo, y a menudo entra en las granjas de conejos y en los gallineros. Normalmente, sin embargo, las jinetas suelen criar en agujeros naturales, como grietas en las piedras, o agujeros de árboles viejos, donde paren una o dos veces al año. Son carnívoras, pero tienen una alimentación muy variada. Les gusta la fruta, especialmente los higos, y también comen insectos, desperdicios e incluso cangrejos. Verlas no es fácil, pero sí detectar las zonas donde viven porque defecan en puntas de risco y otros sitios elevados, ya que los excrementos cumplen una función territorial. Si no hay riscos a la vista, pueden utilizar un tejado o incluso un coche abandonado. Sus excrementos llevan una parte de hierbas no digeridas en un extremo y pelos y huesos de pequeños mamíferos en el resto, y a veces pueden contener cosas tan inverosímiles como el cordón de una longaniza.

Curiosidades

3   La jineta parece un gato, pero no lo es, ya que pertenece a la familia de los vivérridos, un grupo de carnívoros muy antiguo que también incluye las mangostas. En África viven unas cuantas especies de jinetas, todas muy parecidas, pero sólo una ha colonizado Europa. Antiguamente, las jinetas eran mantenidas como animal doméstico en las casas y actualmente todavía hay pueblos africanos que mantienen jinetas en cautividad. Este hecho, junto con la falta de registro fósil en la Península, lleva a pensar que la jineta llegó a Europa justamente como un gato doméstico, llevado por los árabes durante los ochocientos años que estuvieron aquí.

Mapache
Procyon lotor

¿Cómo es?

1 Parece del tamaño de un zorro, pero es más redondeado y robusto de manera que, sin parecer muy grande, puede alcanzar los quince kilos de peso. Es fácil de reconocer por la cola anillada y el diseño facial, con una careta negra sobre los ojos.

¿Cómo vive?

2 Come de todo: frutas, larvas de insectos, cangrejos, gusanos, caracoles, y recoge lo que puede de los contenedores de desperdicios si están a su alcance. El mapache es originario de Norteamérica, donde se acerca a las ciudades y a los jardines para buscar algo comestible. Hay gente que los tiene en casa como mascota. En Europa Central hace años que existen poblaciones salvajes procedentes de animales escapados de cautividad, y también en la península Ibérica ya han empezado a aparecer los primeros ejemplares, que se adaptan muy bien a su nuevo hábitat.

Curiosidades

3 Es muy hábil con las patas delanteras, que son casi unas manos. Cuando remueve algo dentro del agua, parece que esté lavando, de ahí el sobrenombre de "oso lavador".

Especies semejantes

4 El perro mapache también tiene una máscara negra en torno a los ojos y el morro más claro, pero es más pequeño y peludo y no tiene la cola anillada. Es un cánido asiático que se extiende también por Europa Central y el delta del Danubio.

Coatí
Nasua narica

¿Cómo es?

1
Más o menos del tamaño del mapache, del que es pariente muy cercano, ya que los dos pertenecen a la misma familia de los prociónidos. Su nombre proviene de una lengua indígena americana, y significa "nariz larga". El coatí es bajito y alargado desde la nariz hasta la cola, que también es larga y delgada y que a menudo lleva erguida en dirección al cielo. Su color puede variar desde marrón oscuro hasta tonos rojizos, como de zorro.

¿Cómo vive?

2
En grupos de hembras y jóvenes, que en condiciones favorables pueden llegar a ser bastante numerosos (más de treinta ejemplares). Los machos adultos son más independientes. Son omnívoros, y comen casi cualquier cosa comestible, desde insectos y fruta hasta huevos, polluelos de pájaros y cualquier bicho pequeño que puedan pillar. Suben y bajan de los árboles con gran agilidad.

Curiosidades

3
Es originario de las tierras cálidas de América Central y del Sur, pero ha llegado también a Europa con el comercio de animales de compañía. A partir de aquí, como suele pasar, algunos ejemplares se escapan y se pueden establecer en la naturaleza, y perjudicar la fauna autóctona, como ocurrió ya con el mapache. El coatí justo empieza a tener éxito como mascota exótica, pero la tendencia parece la misma. De momento, ya se han encontrado ejemplares viviendo libres en Mallorca.

Los coatís se acostumbran fácilmente a la presencia humana y en algunos lugares llegan incluso a coger la comida de las manos de la gente. En el Parque Nacional de Iguazú, entre Brasil y Argentina, hay auténticas manadas de coatíes que esperan a los turistas para pedirles comida.

Gato montés
Felis sylvestris

¿Cómo es?

1   Es un gran gato de monte con la cabeza grande, el pelo largo y la cola gruesa y típicamente redondeada en la punta.

¿Cómo vive?

2   Es solitario. Tiene colmillos potentes y uñas retráctiles como los gatos domésticos, que le permiten vivir casi exclusivamente de la caza, y sabe adaptarse perfectamente a la disponibilidad de presas de cada estación del año. Así, puede pasar temporadas comiendo más pájaros o bien más roedores y otros pequeños mamíferos, en función de la disponibilidad. Contrariamente a la jineta, huye de la presencia humana, y habita en bosques espesos y roquedales lejos de zonas habitadas.

Curiosidades

3   A pesar de estar protegido por la ley, el gato montés es una especie en regresión, mucho menos abundante que la jineta o el tejón, por ejemplo. Una de las causas es la presencia cada vez más frecuente de gatos domésticos en el monte. Estos gatos, además de destruir nidos y cazar conejos pequeños y otras presas fáciles, se hibridan con los gatos monteses, y degeneran así la especie pura del gato montés. Hay zonas donde ya prácticamente todos los gatos monteses tienen sangre de gato doméstico. La situación se podría comparar, a otro nivel y con otros orígenes, con lo que pasa en algunos lugares entre el jabalí y el cerdo doméstico.

Especies semejantes

4   Muy fácil de confundir con un gato doméstico de color gris atigrado. Pero el gato montés es mucho más grande y tiene la cola muy gruesa hasta la punta.

Lince boreal
Lynx lynx

¿Cómo es?

1 El lince boreal es, con diferencia, el félido más grande de Europa, casi del tamaño de un corzo, inconfundible por su cola corta con la punta negra, sus orejas alargadas por dos pinceles de pelos negros y la forma cuadrada de su perfil, con las patas traseras casi más largas que las delanteras.

¿Cómo vive?

2 Es un cazador solitario armado con dientes potentes y uñas retráctiles que en reposo se recogen hacia arriba y hacia atrás, dejando sólo a la vista unas manos grandes y peludas, ideales para desplazarse sobre la nieve sin hundirse. Se alimenta de todo tipo de presas, desde ratones hasta liebres y crías de ciervo y corzo. El lince es originario de las regiones boscosas y frías de Europa y de Asia, desde los Pirineos hasta Siberia. Antiguamente, habitaba en las zonas boscosas de gran parte de Europa, pero ahora sólo viven en Escandinavia, aparte de pequeñas poblaciones fragmentadas repartidas por Europa Central.

Curiosidades

3 En los Pirineos su presencia es un interrogante permanente. Una prospección financiada por una entidad privada dio como resultado cuarenta y tres observaciones, de las cuales diez se consideraron muy fiables y tres seguras, ya que fueron realizadas por los propios miembros del equipo. Los avistamientos que parece que ha habido en los últimos años podrían responder a algún animal escapado de cautividad o incluso a una repoblación ilegal. Hay estudios sobre la viabilidad de su reintroducción en los Pirineos; sin embargo, hoy por hoy, el proyecto no ha evolucionado.

Lince ibérico
Lynx pardina

¿Cómo es?

1 La auténtica joya de los mamíferos ibéricos es un pariente próximo del lince boreal, un poco más pequeño y de color más rojizo. Parece un gran gato manchado, con cola corta, orejas acabadas con un pincel de pelos y unas barbas muy visibles bajo las mejillas.

¿Cómo vive?

2 Es un habitante típico de los bosques mediterráneos, el superpredador que controla incluso las poblaciones de zorros, jinetas y otros pequeños carnívoros. Se alimenta de conejos y otras presas de tamaño medio que captura él mismo. No es animal de grandes persecuciones, sino que su sistema de caza es el acecho y la aproximación lenta, a escondidas, para después atacar por sorpresa desde muy cerca. Es solitario, el grupo más numeroso es una hembra con sus crías, que nacen desvalidas, con los ojos cerrados, y pasan las primeras semanas de su vida protegidas dentro de una cavidad natural. A pesar de su escasez, el lince ibérico no es difícil de observar en las escasas zonas donde habita, pues no se esconde como otros carnívoros. Todo lo contrario, como si fuera consciente de ser el dueño del bosque, sin enemigos naturales, el lince ibérico se muestra a veces sorprendentemente descarado.

Curiosidades

3 Antiguamente, los linces habían sido perseguidos por los cazadores furtivos, pero actualmente la pérdida de hábitat, la falta de comida abundante y los accidentes en las carreteras son la causa principal de su declive. En todo el mundo, el lince ibérico sólo habita la mitad sur de la Península y se considera uno de los carnívoros más amenazados a nivel mundial. Existen programas de protección del lince en su hábitat y también se ha iniciado un proyecto de cría en cautividad en el Parque Nacional de Doñana, pero eso no significa que el futuro de la especie esté totalmente asegurado. La población mundial de linces ibéricos está muy por debajo de un millar de ejemplares.

Especies semejantes

4 El lince boreal, que vive más al norte, es más grande y robusto, y tiene el pelaje más claro y menos manchado.

Zorro
Vulpes vulpes

¿Cómo es?

1 Aspecto de perro esbelto, con cola larga y gruesa y orejas puntiagudas. Los machos suelen ser más grandes que las hembras, pero, aun así, no suelen pasar de seis o siete kilos. Su coloración es variable, hay ejemplares rojizos y otros que son más bien terrosos, incluso con tonos muy oscuros. A esta variedad se la denomina popularmente *carbonero*.

¿Cómo vive?

2 El zorro es un carnívoro solitario y nocturno, que sólo vive en grupo en la época de cría. Puede cazar una gran variedad de presas de pequeño tamaño, pero se acostumbra enseguida a la vida fácil que representan los vertederos y las proximidades de los campings y refugios de montaña, donde se atiborra de las sobras de la gente. Cría en guaridas excavadas en el suelo. A menudo aprovecha antiguas construcciones de los tejones o agranda los vivares de los conejos; sin embargo, si es necesario, también puede excavar su propia madriguera a partir de cero.

Curiosidades

3 Los zorros han sido perseguidos por los hombres desde siempre. Sus visitas a las casas de campo le han traído muchos problemas. Antes, cuando un campesino conseguía matar uno, lo mostraba a los vecinos pidiendo una pequeña recompensa por haber hecho el bien común. Más tarde fueron perseguidos por su piel, y todavía hoy a veces se dan permisos para exterminarlos en plena época de cría, ya que supuestamente hay demasiados y perjudican las repoblaciones de conejos y perdices de granja con destino a la caza.

Zorro ártico
Alopex lagopus

¿Cómo es?

1 Como un zorro común, pero con el pelo blanco como la nieve en invierno, que se vuelve castaño oscuro en verano. Como adaptaciones al clima frío, tiene el pelaje más espeso (sobre todo en invierno) y las orejas más pequeñas.

¿Cómo vive?

2 Los zorros árticos viven en las tierras gélidas de todo el polo norte, donde ya no hay bosque y el paisaje se reparte entre la tundra y el hielo, tanto en Europa como en Siberia, Alaska, el norte de Canadá y Groenlandia. Aquí se espabilan como pueden y aprovechan absolutamente cualquier cosa comestible, desde pequeños roedores que capturan ellos mismos hasta cualquier tipo de animal que puedan encontrar muerto, incluidos los cetáceos que se puedan embarrancar en la costa. Si hay hambre, se pueden zampar incluso los excrementos de los osos polares. Son especialistas en sobrevivir en este clima inhóspito; sin embargo, como los demás zorros, hace ya tiempo que perdieron la vergüenza y recorren las poblaciones humanas en busca de comida fácil.

Curiosidades

3 Hace años se capturaban muchos zorros árticos para aprovechar su piel. Pero ahora se crían en granjas especializadas, donde seleccionan incluso variedades de pelaje en función de la demanda. Los zorros "azules" están muy solicitados.

Especies semejantes

4 Con el pelaje de verano, los zorros árticos se parecen mucho a un zorro normal de color oscuro. Pero la confusión sólo puede ocurrir en Escandinavia y otras regiones nórdicas donde el zorro ártico puede coincidir con nuestros zorros.

Chacal
Canis aureus

¿Cómo es?

1   Recuerda un lobo ibérico pequeño y enclenque, con el pelaje claro, con tonos de gris, marrón y amarillento, más rojizo en las orejas, en el morro y en las patas. Los pelos de la línea dorsal, largos y erizados, junto con su andar desgarbado, le dan el aspecto de un perro vagabundo. De hecho, todavía no está claro si los chacales son también antepasados de los perros domésticos, junto con los lobos. La voz de un chacal es muy parecida a la de algunos perros.

¿Cómo vive?

2   En todo el norte del África y el sureste de Europa, incluidas Grecia y Turquía, extendiéndose por Asia hasta Malasia, razón por la cual esta especie es conocida también como chacal asiático. Son más bien solitarios, y tienen un comportamiento más de zorro que de lobo. Crían en guaridas bajo tierra que excavan ellos mismos, pero también aprovechan guaridas abandonadas de los zorros. Es una especie muy adaptable que come cualquier cosa comestible, desde carroña hasta dátiles e higos. También se acercan a los vertederos y a los pueblos a por comida. Años atrás habían criado junto al aeropuerto de Melilla.

Curiosidades

3   En Turquía entran de noche en los campos de sandías y las abren y se las comen para calmar su sed. Localizan la comida con mucha habilidad, y, si te despistas un poco, la bolsa de los bocadillos puede desaparecer en cuestión de segundos.

Especies semejantes

4   Es posible confundir un chacal con un lobo árabe, hasta el punto de que algunos especialistas se han planteado si al menos algunas variedades de chacales son en realidad una subespecie de lobo.

Lobo
Canis lupus

¿Cómo es?

1

El que se considera el antepasado de todos los perros domésticos parece un perro lobo, tanto por la forma como por el tamaño, pero es fácil diferenciarlo por sus orejas más pequeñas, su cabeza grande y su cuello grueso, y el color general del cuerpo, grisáceo y más uniforme. Los lobos ibéricos són pequeños en comparación con sus parientes nórdicos. Tienen las mejillas de color claro y la parte anterior de las patas delanteras decoradas con una línea negra que las recorre de arriba a abajo en la zona anterior. La espalda y la cola son más oscuras que el resto del cuerpo. En verano, sin el pelaje invernal, parecen mucho más delgados y esbeltos (foto central izquierda).

¿Cómo vive?

2

Es un carnívoro social, que vive en grupos bien organizados, con una jerarquía que se actualiza día a día y que deja bien clara la situación de cada ejemplar dentro del grupo. Esta organización le permite abatir presas de gran tamaño, que no capturan por sorpresa como los linces, sino que las persiguen hasta agotarlas. A pesar de ser un buen cazador, el lobo es muy adaptable, y captura todo lo que se encuentra a su paso, desde pequeños roedores hasta conejos o ganado domestico en ocasiones. También se atiborra de carroña e incluso se acerca a los vertederos. Sólo es abundante en el cuadrante noroccidental de la Península.

Curiosidades

3

En Cataluña, parece que el último ejemplar fue muerto en Horta de Sant Joan hacia 1929. Desde entonces el lobo se consideró extinguido, hasta que recientemente el análisis genético de unos excrementos recogidos en la sierra del Cadí confirmó la presencia de al menos un ejemplar que, según todos los indicios, llegó procedente de Italia y no vino solo. Si esta población reducida prosperara, la península Ibérica dispondría de dos subespecies de lobo.

Especies semejantes

4

Se puede confundir con perros asilvestrados, que a veces llegan a organizarse en grupos y cazar en equipo tal y como lo hacen los lobos.

Oso pardo
Ursus arctos

¿Cómo es?

1

El carnívoro más grande de Europa, si exceptuamos el oso polar. Puede alcanzar los trescientos kilos en el caso de los machos, aunque los tamaños normales no llegan a tanto: las hembras pesan alrededor de cien kilos y los machos, claramente más grandes, se acercan a los doscientos. Con sus formas redondeadas, los pies planos y la cabeza grande, con orejas pequeñas y mirada perdida, el oso es el más inconfundible de todos nuestros carnívoros.

¿Cómo vive?

2

Los osos pertenecen al orden de los carnívoros, pero en realidad comen casi de todo. Pacen hierbas concretas que saben escoger perfectamente, les gusta casi todo tipo de fruta, desde las manzanas y las moras hasta las bellotas y las castañas y también, si lo encuentran, pueden comer del cadáver de un animal muerto. También pueden cazar, y a veces llegan incluso a atacar el ganado doméstico que vive en el bosque. Les encanta la miel, y por eso en Asturias, antiguamente, protegían las colmenas con una pared circular de piedra de dos o tres metros de altura. Algunas de estas construcciones, llamadas *cortines*, todavía se conservan hoy en día.

Curiosidades

3

Más que vivir, los últimos osos ibéricos sobreviven arrinconados en dos poblaciones aisladas, una en los Pirineos y la otra en la Cordillera Cantábrica. Esta población, la mejor conservada, no llega a un centenar de ejemplares. La reducida población pirenaica ha sido reforzada últimamente con osos capturados en estado salvaje en Eslovenia. Sin embargo, aunque algunos de los recién llegados han tenido descendencia, la población pirenaica no sobrepasa los veinte ejemplares. Sus problemas son diversos. A la destrucción de su hábitat se añaden otras actividades humanas como la caza furtiva, el veneno y las campañas organizadas en contra de una especie que vivió en nuestras montañas mucho antes que nosotros. Los expertos calculan que en otros tiempos los Pirineos llegaron a acoger un millar de osos pardos.

Oso polar
Ursus maritimus

¿Cómo es?

1 Inconfundible, como un oso pardo muy grande, con la cabeza y el cuello más largos y el pelaje muy blanco. Los machos de los osos polares pueden sobrepasar los quinientos kilos de peso, y en otoño, justo antes de la hibernación, están tan gordos que pesan casi una tonelada; son, por lo tanto, los carnívoros más grandes del mundo.

¿Cómo vive?

2 Totalmente adaptado al clima ártico; de hecho, su pelaje blanco es una adaptación para moverse en el hielo y la nieve sin ser vistos por sus presas potenciales, básicamente focas y peces, que capturan muy hábilmente teniendo en cuenta su tamaño. En invierno, los osos polares excavan una guarida profunda en la nieve y tapan casi la entrada y así, hibernando, abrigados del frío y del viento, pasan los peores meses del año viviendo de las reservas de grasa que han acumulado durante el buen tiempo. Las crías nacen dentro de la guarida, muy pequeñas, con los ojos cerrados, y no salen hasta que tienen dos o tres meses de edad. Entonces siguen a su madre a todas partes y con ella aprenden todo lo que hace falta para sobrevivir en uno de los climas más inhospitos que existen.

Curiosidades

3 El cambio climático amenaza directamente los osos polares, ya que la disminución de la superficie helada reduce su campo de acción y los osos se están quedando, de repente, sin el hábitat al que la especie se había adaptado durante miles de años. Hoy por hoy, los mejores lugares para observar osos polares en el mundo están en el archipiélago de las Spitzbergen (Noruega) o, aún mejor, en las concentraciones de otoño cerca de Churchill (Canadá).

Morsa
Odobenus rosmarus

¿Cómo es?

1   La mayor de las focas europeas puede alcanzar, en el caso de los machos, una tonelada y media de peso y, por lo tanto, es el pinnípedo más grande del mundo, con la única excepción de los elefantes marinos. Los colmillos enormes empiezan a sobresalir de su boca cuando las morsas pequeñas apenas tienen seis meses, y continuarán creciendo durante toda su vida. Los colmillos de los machos son más grandes y más potentes que los de las hembras.

¿Cómo vive?

2   Las morsas se encuentran en casa en las gélidas aguas del Ártico, y por eso tienen el cuerpo recubierto de una piel fuerte y gruesa, bajo la cual se esconde una espesa capa de grasa aislante, que les facilita mantener su cuerpo caliente en un ambiente donde todo es frío. Viven en grupos formados por un gran macho dominante y un harén de hembras. Los machos jóvenes suelen formar grupos aparte.

Los colmillos de las morsas cumplen una función muy específica, ya que les sirven para arar literalmente el fondo marino y dejar al descubierto los cangrejos y moluscos, que son la base de su alimentación. De todas formas, las morsas son carnívoros como todas las focas, y también acosan los bancos de bacalao y otros peces e incluso pueden capturar alguna foca más pequeña si se da el caso. Antiguamente eran muy abundantes, pero hace años que las poblaciones de morsa sufren una fuerte regresión.

Curiosidades

3   Las morsas constituyen ellas solas una familia aparte dentro del orden de los pinnípedos. Morsas aparte, los otros pinnípedos se dividen en dos grandes grupos: los fócidos, que incluyen las auténticas focas, y los otáridos, que incluyen los leones y osos marinos.

Foca gris
Halichoerus grypus

¿Cómo es?

1   De tamaño medio, la foca gris mide entre dos y tres metros de longitud y pesa más de doscientos cincuenta kilos en el caso de los machos, que se reducen a la mitad en las hembras. Se reconoce fácilmente por su hocico alargado, casi cónico, que le da un perfil muy particular. Su color general es oscuro, más o menos manchado. Las crías, de pelaje blanquecino, habían sido muy perseguidas para aprovechar su piel.

¿Cómo vive?

2   A diferencia de la foca común, la foca gris prefiere costas rocosas, por donde trepa con facilidad. Son grandes pescadoras que pueden zambullirse hasta más de cien metros y aguantar en apnea más de veinte minutos. Se alimentan de peces e invertebrados marinos que encuentran en el fondo. Las encontraremos en las costas del norte de Europa. De vez en cuando, algunos ejemplares divagantes llegan a las costas del Cantábrico.

Curiosidades

3   Tanto la foca gris como la foca común y la foca monje pertenecen a la familia de los fócidos. Los leones y los osos marinos (del grupo de los otáridos) que encontramos normalmente en los zoos, se diferencian por la presencia de orejas pequeñas y por sus aletas posteriores que se pueden girar hacia adelante y les permiten caminar chapuceramente por el suelo. Toda la familia de los fócidos, o focas auténticas, en cambio, no pueden caminar, y se mueven por el suelo arrastrando a saltos todo su cuerpo.

Especies semejantes

4   La foca común tiene un color más claro, es un poco más pequeña y tiene el hocico corto en comparación con el morro "de perro" de la foca gris.

Foca común
Phoca vitulina

¿Cómo es?

1

Es una foca pequeña en comparación con otras especies, pero que, sin embargo, suele pesar más de cien kilos y medir casi un metro y medio de largo. Tiene la nariz corta y la cabeza redonda, buenos bigotes y el cuerpo de color gris azulado más o menos salpicado de manchas más claras en la espalda, con el vientre claro. Las crías son blanquecinas con la espalda y la parte superior de la cabeza de color plomo, y la panza blanca. La barriga mucho más clara que la espalda es una adaptación de muchos animales marinos (como las focas, los cetáceos y los peces) que les permite pasar más desapercibidos cuando nadan mar adentro. Desde arriba, su cuerpo se confunde con el fondo oscuro del mar. Desde abajo, su panza blanca se confunde con la claridad de la superficie.

¿Cómo vive?

2

Es la más abundante de las focas europeas, y la única que podemos ver normalmente en las costas del mar del Norte. Descansa en grupos en playas de arena poco frecuentadas y se alimenta básicamente de peces y también calamares que captura en mar abierto. Cuando se asustan, las focas se arrastran enseguida hacia el agua, pero no se van. Siguen observando, cincuenta metros mar adentro, en una típica posición vertical con sólo la cabeza fuera del agua, justo para observar qué pasa en la costa.

Curiosidades

3

Las focas sufren directamente la contaminación del mar, y por esta razón en países como Holanda y Alemania hay centros de recuperación de fauna especializados, donde tienen cuidado sobre todo de crías pequeñas que han quedado separadas de sus padres. Muchas llegan con problemas en los ojos causados por la contaminación. Otras mueren directamente ahogadas cuando se enredan con las redes de los pescadores.

Foca monje
Monachus monachus

¿Cómo es?

1

Los machos (foto inferior) son negros con una mancha blanca en el vientre, miden cerca de tres metros de largo y pueden pasar de trescientos kilos de peso. Las crías recién nacidas también son negras. Las hembras y los jóvenes, en cambio, son de color gris plomo.

¿Cómo vive?

2

Antiguamente era común en todo el Mediterráneo, pero ahora sólo quedan unos 500 ejemplares, la mitad de los cuales viven en la península de Cabo Blanco, en Mauritania. Antes criaban en playas de arena, pero hoy en día tienen que refugiarse en las costas rocosas más inaccesibles, lo que les obliga a soportar inconvenientes como el hundimiento del techo de las cuevas, que en más de una ocasión ha causado la muerte de varios ejemplares. Recientemente, por primera vez en mucho tiempo, una hembra de Cabo Blanco ha dado a luz una cría en una playa, como debían hacer normalmente muchos años atrás, cuando los hombres eran más escasos y las dejaban más tranquilas. También de vez en cuando algún ejemplar se deja ver en las costas baleares, después de muchos años de ausencia. Buenos síntomas, sin duda, pero ninguna garantía de futuro para una de las especies más amenazadas.

Curiosidades

3

Históricamente, las focas han sido siempre la competencia directa de los pescadores. A principios del siglo pasado, en Baleares, se pagaban cinco duros de la época como recompensa para quien eliminara una foca, y hubo quien mató cinco en sólo un año. Entonces ya debió ser una especie escasa, como lo demuestra el caso de un macho muerto en Menorca en la década de los cuarenta, que acabó conservado en hielo durante unos días y exhibido como una atracción de feria: para ver el cadáver había que pagar una peseta de entrada.

La tradición otorgaba a la foca monje ciertas propiedades mágicas. Su grasa se utilizaba para curar heridas y su piel servía como amuleto durante el parto de las mujeres y también para fabricar bolsas de tabaco para los pescadores. Pero sus supuestos poderes le sirvieron de poco. Ahora sólo nos quedan los topónimos, como la Cova des Bou Marí del Cap de Creus (Gerona), o la Isla de Lobos (Fuerteventura), y la esperanza de su retorno.

Jabalí
Sus scrofa

¿Cómo es?

1

El jabalí es un cerdo de monte con el cuerpo comprimido lateralmente, más alto en los hombros que en el lomo, y la cabeza larga y estrecha, acabada en una nariz sensible y potente, formas que le permiten moverse con facilidad en el sotobosque más espeso. Los jabatos o rayones nacen con una coloración típica a rayas longitudinales oscuras sobre fondo rojizo que desaparece con la edad.

¿Cómo vive?

2

Los jabalíes son animales de bosques y prados. Su dieta es básicamente vegetariana, les gustan mucho las bellotas y los hayucos, pero pueden aprovechar cualquier cosa comestible; incluida a veces la carroña. Su hocico es la herramienta fundamental que sirve para todo. Cuando buscan comida, hozan el terreno a medida que avanzan para descubrir gusanos, insectos y semillas. El morro sirve también para levantar piedras de tamaño considerable y así aprovechar los bichos y raíces tiernas que encuentran debajo. Los jabalíes son chapuceros para según qué trabajo; sin embargo, tienen una gran habilidad para pelar con los dientes las castañas y las bellotas y escupir la peladura antes de tragarse la semilla.

Curiosidades

3

El jabalí es la variedad salvaje del cerdo doméstico y por esta razón se pueden cruzar y tener descendencia fértil. En ocasiones animales híbridos nacidos en cautividad han acabado en la naturaleza, lo que perjudica la pureza genética de los jabalíes salvajes (foto inferior). Por otra parte, en zonas donde no son perseguidos, los jabalíes pierden el miedo a los humanos y se acercan incluso a las ciudades. La gente que les alimenta refuerza este comportamiento hasta el punto que los jabalíes del parque de Collserola se dan cita a menudo en parques y jardines de Barcelona, donde tienen que ser capturados y eliminados para evitar daños mayores. Curiosamente, esta población concreta de "cerdos urbanos" parece muy pura, sin ningún síntoma de cruce con cerdos domésticos.

Corzo
Capreolus capreolus

¿Cómo es?

1

Con todo el aspecto de un pequeño ciervo, del tamaño de una oveja. Sus cuernos, exclusivos de los machos, también son más pequeños y poco ramificados y su pelaje, bastante uniforme, es rojizo en verano y más grisáceo y oscuro en invierno. No tienen cola y, cuando huyen asustados, muestran una gran mancha blanca en la zona anal, en forma de riñón en los machos y en forma de corazón en las hembras. En esta situación, pueden emitir un ladrido de alerta muy potente, que recuerda un perro grande.

¿Cómo vive?

2

Es un animal tímido, activo durante todo el día, pero más visible por la madrugada y al atardecer, cuando sale del bosque y se deja ver paciendo en campos y prados. También aparecen en pleno día, sobre todo si llovizna un poco o hay niebla. A principios de verano entran en celo, y los machos tienen los cuernos listos para discutir quién es el más valiente. El macho pasa horas persiguiendo a la hembra, a veces dando vueltas en el mismo lugar hasta que queda bien marcado el sendero. Los corzos tienen implantación diferida. Una vez cubiertas las hembras, en verano, el crecimiento del embrión queda "congelado" durante unos meses y los pequeños nacen en la primavera siguiente. Las hembras paren en mayo y en junio. Los casos de mellizos e incluso trillizos no son nada raros. Pasada la época de celo, los cuernos caen de cuajo y en su mismo lugar salen enseguida otros nuevos para el año que viene. Como en los demás cérvidos, al principio aparecen cubiertos por una piel aterciopelada y parecen muy gruesos, pero al terminar el crecimiento, su piel protectora se seca y cae, y ellos mismos colaboran frotándose con ramas y troncos. Por un par de días, los cuernos aparecen rojos, teñidos de sangre, y la piel de terciopelo cuelga hecha jirones, seca. Pero pronto se desprende, los cuernos se secan y toman su nuevo aspecto, sin terciopelo, aparentemente más delgados, listos para la próxima época de celo.

Curiosidades

3

Los corzos son autóctonos, pero habían desaparecido de muchas zonas que han sido repobladas con animales procedentes de Francia. En Europa Central es una especie muy abundante.

Gamo
Dama dama

¿Cómo es?

1

A mitad de camino entre un corzo y un ciervo, el gamo es el típico protagonista de los cuentos de Bambi. En verano, su pelaje es rojizo con manchas claras; su pelaje de invierno, en cambio, es de color castaño oscuro. Los machos son imponentes: superan el metro de altura en la cruz y los cien kilos de peso. Durante el buen tiempo, tienen cuernos grandes y vistosos, aplanados, acabados en puntas que parecen dedos que se extienden de la palma del cuerno. En otoño, pasada la época de celo, pierden los cuernos y pasan una temporada mochos. Las hembras, como ocurre en los corzos y los ciervos, no tienen cuernos, y son un poco más pequeñas.

¿Cómo vive?

2

Son animales sociables que suelen vivir en manadas familiares de hembras y crías. Los machos suelen ir a su aire, excepto en la época de celo. Muy a menudo se dejan ver a plena luz del día.

Curiosidades

3

El gamo es corriente en parques zoológicos e incluso cercados de particulares, donde no es raro encontrar ejemplares albinos. De hecho, actualmente todas las poblaciones europeas provienen de animales criados en cautividad. Un ejemplo reciente es la población de los Aiguamolls de l'Empordà (Gerona), donde fueron reintroducidos poco después de la creación del parque. También son abundantes en Doñana.

Especies semejantes

4

Las hembras y los machos sin cuernos se podrían confundir con un ciervo, pero los gamos siempre son más pequeños y tienen la cola negra bien visible en el centro de la zona anal, que es blanca y no parda. Los ciervos sika sólo viven introducidos en algunos puntos de Europa.

Ciervo sika
Cervus nippon

¿Cómo es?

1 Un poco más pequeño que un gamo, el ciervo sika o ciervo japonés parece, prescindiendo de su tamaño, una mezcla entre un ciervo común y un gamo. La expresión de su cara y también los cuernos de los machos recuerdan un ciervo, con la misma forma aunque claramente más pequeños. En cambio, su coloración en verano, con el pelo rojizo salpicado de manchas claras, recuerda mucho un gamo, como también la zona anal, blanca, con la cola negra (más corta que en los gamos) y dos franjas negras a los lados. Una raya oscura en el dorso recorre su espalda de cabo a rabo. El aspecto hivernal es muy diferente, de color marrón oscuro uniforme.

¿Cómo vive?

2 Como los gamos, las hembras forman grupos familiares y los machos van a su aire excepto en la época de celo. Viven en bosques caducifolios y llanuras y soportan muy bien las condiciones duras de los inviernos más fríos. Como el ciervo y el gamo, tienen su época de celo en otoño, y los pequeños nacen en primavera.

Curiosidades

3 Originario del Japón, donde a menudo es mantenido en cautividad, el ciervo sika ha sido introducido por todo el mundo, en zonas tan diversas como Australia, Suramérica y Madagascar, y también en Inglaterra y en muchos bosques centroeuropeos. Por el momento, no ha llegado a la península Ibérica.

Especies semejantes

4 En invierno recuerdan un ciervo de talla pequeña. Con el pelaje de verano, como los de la fotografía, recuerdan mucho más un gamo.

Ciervo
Cervus elaphus

¿Cómo es?

1   Los machos son animales impresionantes que alcanzan casi los 200 kg de peso, con grandes cuernas ramificadas de hasta veinte puntas (normalmente menos) que renuevan cada año. Las hembras, más pequeñas, son mochas.

¿Cómo vive?

2   Los ciervos son animales sociales que a menudo encontraremos en pequeños grupos de unos pocos ejemplares, sobre todo en bosques, pero a veces también en espacios muy abiertos. La temporada de máxima actividad es otoño, cuando los machos en celo braman sin cesar y entrechocan sus cornamentas para decidir quién puede cubrir más hembras, de forma que los más fuertes y valientes son los que ponen la semilla para la próxima generación. Las hembras embarazadas no paren hasta la primavera siguiente. Entonces se apartan de la manada y paren un solo cervatillo, que nace bien desarrollado, y al cabo de muy poco ya acompaña a su madre a todas partes. También en primavera, los machos pierden sus cuernas, y aprovechando la comida abundante, fabrican otras nuevas que crecen deprisa cubiertas de un terciopelo muy fino. En otoño, ya volverán a estar a punto para las discusiones de la época de celo.

Curiosidades

3   La berrea es relativamente fácil de observar (o al menos escuchar) en zonas como la sierra de Cazorla, en Andalucía, o la sierra de Boumort, en Cataluña, y esta actividad atrae cada vez a más gente. Durante las peleas de los machos en celo, puede ocurrir que los dos contrincantes queden enganchados por unos momentos. Si no pueden separar sus defensas, los dos acaban muriendo, aunque esta situación es realmente muy rara. Los cuernos de los ciervos son muy valorados como trofeos de caza, y por esta razón existen grandes fincas cinegéticas donde los ciervos viven en cautividad bien alimentados, con el objetivo de producir grandes trofeos. En algunos lugares también los crían para gestionar los pastos y por su carne. Un buen lugar para observar ciervos en semilibertad son los humedales de Salburúa, en el País Vasco.

Especies semejantes

4   Un macho grande con toda la cornamenta es inconfundible, pero las hembras y los jóvenes se podrían confundir en invierno con los gamos y los ciervos sika, ambos más pequeños y moteados en verano.

Reno
Rangifer tarandus

¿Cómo es?

1
Más grande que un gamo, pero más pequeño que un ciervo, el reno es un cérvido adaptado a vivir en la tundra, así que tiene un pelaje muy espeso, capaz de soportar los inviernos más fríos, y pezuñas anchas, con sus uñas muy separadas, preparadas para no hundirse en la nieve. A diferencia de otros cérvidos, ambos sexos tienen cuernos grandes y muy bifurcados que se renuevan cada año, aunque en las hembras son siempre más pequeños que en los machos.

¿Cómo vive?

2
En libertad en Escandinavia y aún más en el norte, siempre ligado a los climas más fríos. Es un herbívoro muy social, que se reúne en manadas mayores que los ciervos y los gamos. Se alimenta de todo tipo de productos vegetales, desde hierba hasta retoños de árboles y arbustos y le gustan especialmente los líquenes, hasta el punto de que algunas especies de líquenes son conocidas como *líquenes de los renos*. La misma especie vive en Norteamérica. Allí los denominan *caribúes*, y son conocidos por las grandes migraciones que llevan a cabo anualmente, donde se pueden ver concentraciones de miles de ejemplares.

Curiosidades

3
Los renos han sido domesticados desde tiempos prehistóricos y fueron durante mucho tiempo el eje de toda una cultura adaptada al clima nórdico. Incluso hoy en día, en Laponia, son mantenidos como animales domésticos, ya sean estabulados o en régimen de semilibertad. Los renos ofrecen ellos solos los servicios de los caballos y de las vacas: sirven para montar y para tirar trineos, y también ofrecen, si bien no voluntariamente, su carne, su leche y su piel. Por si todo eso fuera poco, cada año se encargan de llevar el trineo de Santa Claus.

Alce
Alces alces

¿Cómo es?

1 El alce es el gigante de la familia de los cérvidos. Los machos pesan hasta quinientos kilos y pueden medir dos metros de altura en la cruz, o sea, son más altos que un caballo de silla. Aparte de su tamaño, los alces se identifican fácilmente por su espalda inclinada que acaba en una cola muy corta, y por su cabeza grande, con un típico morro ancho y un colgajo de piel debajo de la barba. Los cuernos, exclusivos de los machos, son dos palas inmensas de donde salen muchos dedos en todas direcciones que se caen cada año como en todos los cérvidos. Crecen exactamente encima de la cabeza, y no detrás como en los ciervos y los gamos. En los machos más grandes, pueden medir más de dos metros de anchura.

¿Cómo vive?

2 En los bosques fríos del norte de Europa, Asia y Norteamérica, a menudo cerca de lagos y zonas húmedas. Su pelaje espeso y el tamaño grande son adaptaciones al clima frío del norte, y las uñas de sus pies, grandes y muy separadas, son perfectas para no hundirse en las zonas de pantanales, y también les facilitan su desplazamiento sobre la nieve. A diferencia de otros parientes, los alces son solitarios durante todo el año. Se alimentan de hojas y brotes y también de plantas acuáticas y algas que toman tranquilamente con los pies con remojo, sumergiendo toda su cabeza dentro del agua si es necesario.

Curiosidades

3 Los alces más grandes viven en Alaska, donde a veces entran en los pueblos a por comida y provocan graves accidentes cuando cruzan las carreteras. En Europa los encontraremos en Escandinavia y también en países de Europa Central como Polonia, donde parecen estar en expansión. Antiguamente, su área de distribución llegaba mucho más al sur.

Cabra montés
Capra pyrenaica

¿Cómo es?

1   Se trata de una cabra salvaje, que en muchas cosas recuerda bastante a una cabra doméstica. Los machos cabríos, más grandes que las cabras, tienen cuernos inmensos que suben hacia arriba para abrirse después hacia fuera. Las hembras también tienen cuernos, pero mucho más pequeños. Las cabras son bóvidos, parientes cercanas de las vacas, los rebecos y los muflones, y por esta razón sus cuernas son permanentes.

¿Cómo vive?

2   Paciendo en zonas pedregosas de montaña, por donde se desplazan con gran facilidad. Como las cabras domésticas, también a menudo las veremos en pequeños grupos, que huyen enseguida asustadas, pero que también se acercan a veces, ya que tienen algo de curiosas. Fuera de la época de celo, hembras y crías viven juntas y los machos forman grupos aparte.

Curiosidades

3   Es una especie exclusiva de la península Ibérica, donde en otros tiempos habitaban cuatro subespecies o variedades: la cantábrica desapareció a finales del siglo XIX, y recientemente (1998) murió el último ejemplar de la subespecie pirenaica, también conocida como *bucardo*. Ahora nos quedan la cabra montés de Gredos y la cabra montés hispánica, que ocupa las montañas mediterráneas desde Gibraltar hasta Beceite. Recientemente, también ha sido introducida en las montañas de Montserrat.

Especies semejantes

4   La cabra montés o íbice de los Alpes (fotografía inferior) es muy parecida, con el color de su cuerpo más uniforme y los nudos de sus cuernos más marcados. Como bien dice su nombre, sólo vive en los Alpes.

Rebeco
Rupicapra rupicapra

¿Cómo es?

1   Ungulado muy ágil, con aspecto de cabra con cuernos cortos en forma de gancho. Los cuernos de los machos son más grandes y robustos y tienen el gancho más cerrado. Su coloración varía: el pelaje de verano es casi rojizo; en cambio, en invierno los rebecos son de color oscuro, sin perder nunca el típico diseño blanco y negro de la cara.

¿Cómo vive?

2   Los rebecos son animales muy bien adaptados a la vida en la alta montaña, tienen uñas diseñadas especialmente tanto para agarrarse a las rocas más inclinadas como para moverse con cierta facilidad por encima de la nieve. Son animales sociales, que a menudo veremos en grupos de docenas de ejemplares. Son vegetarianos, en verano pacen en los prados de alta montaña, pero en invierno, cuando la nieve cubre los pastos, bajan hasta el límite del bosque para alimentarse. El celo es en otoño. Cada macho dispone de un harén de hembras que, una vez cubiertas, paren al cabo de casi cinco meses, cuando ya ha vuelto a llegar el buen tiempo. Normalmente, tienen un solo cabrito; los casos de mellizos son bastante raros.

Curiosidades

3   Los rebecos habían llegado a ser muy escasos en la década de los cincuenta, pero paradójicamente el interés cinegético de esta especie y la creación de las Reservas Nacionales de Caza favorecieron su conservación. La eliminación de ejemplares mediante la caza mayor no sigue, sin embargo, los mismos criterios que la selección natural, ya que, aparte de la caza selectiva, también hay que tener en cuenta la oferta y la demanda de trofeos, que a veces son muy cotizados. A veces el exceso de ganado y la escasez de alimento, junto con la falta de selección natural, favorecen la expansión de enfermedades difíciles de erradicar, como la sarna de las cabras o la enfermedad vírica que deja ciegos a los rebecos. De alguna manera, no deja de ser una drástica solución natural para hacer borrón y cuenta nueva y volver a empezar otra vez.

Arruí
Ammotragus lervia

¿Cómo es?

1 El arruí, también conocido como muflón del Atlas, tiene el aspecto de una cabra de cara larga y patas cortas, de color marrón rojizo, pero mucho más grande y robusta (los machos pueden superar los cien kilos de peso). Es fácil reconocerlo por su barba larga y vistosa que empieza en la garganta y se extiende hacia abajo por las patas delanteras. También lleva una crin de pelo corto sobre el cuello y no tiene, en cambio, la barbilla de macho cabrío debajo de su boca típica de las cabras domésticas. Sus cuernos son vistosos y gruesos pero relativamente cortos, se abren enseguida al salir de la cabeza y se retuercen hacia atrás hasta dar media vuelta.

¿Cómo vive?

2 Es una especie propia de los secanos norteafricanos, que habita espacios semidesérticos de países como Mali, Níger y Sudán. Vive en manadas pequeñas, de menos de una docena de individuos, que fuera de la época de celo están formados sólo por machos cabríos o por hembras con sus crías. Dado su origen, evitan las zonas frías, y se adaptan mejor a los climas cálidos. Los podemos encontrar, introducidos, en el Parque Natural de Sierra Espuña (Murcia) y a sus alrededores y también en la isla de la Palma (Canarias). Otras reintroducciones en varios países europeos no han tenido éxito.

Curiosidades

3 En el mundo de la caza mayor, un buen macho de arruí es un trofeo cinegético bastante valorado y éste ha sido el móvil de los varios intentos de reintroducción, no siempre logrados, que ha habido por todo el mundo. El clima árido de California y otros estados próximos de la costa oeste de los Estados Unidos les ha ido especialmente bien.

Muflón
Ovis gmelini

¿Cómo es?

1 Es el antepasado de las ovejas domésticas y, de hecho, su aspecto general y su tamaño recuerdan mucho a una oveja. Las hembras no tienen cuernos o los tienen muy pequeños, pero, en cambio, los carneros tienen grandes cuernos que se retuercen primero hacia atrás y después se abren y acaban yendo hacia abajo y otra vez adelante, como una espiral. El color de su pelaje es marrón oscuro, los machos tienen una típica "silla de montar" blanquecina en la espalda.

¿Cómo vive?

2 Se comportan exactamente como las ovejas: su defensa es el rebaño y así se desplazan para buscar los mejores pastos, siempre evitando las horas de calor del mediodía. Los pequeños nacen avispados y al cabo de pocas horas de nacer ya son capaces de seguir el grupo. Las hembras balan exactamente como una oveja doméstica.

Curiosidades

3 Antiguamente, el muflón había estado presente por lo menos en toda la Europa mediterránea; sin embargo, llegaron a extinguirse del continente, quedando sólo poblaciones residuales en algunas islas, como Córcega, razón por la cual también es conocido como muflón de Córcega. Toda la población continental actual es consecuencia de múltiples repoblaciones con el objetivo principal de la caza. En los años cincuenta fueron introducidos en la Serranía de Cuenca (Hosquillo) y en Cazorla, y más tarde en zonas tan diversas como los Puertos de Beceite o el Parque Nacional del Teide. Recientemente han invadido el valle de Ribes y Les Alberes (Gerona), procedentes de la vertiente norte de los Pirineos.

Bisonte europeo
Bison bonasus

¿Cómo es?

1 Es el mamífero más grande que ha vivido en Europa en tiempos históricos, una mole de carne de hasta una tonelada de peso en el caso de los bueyes más grandes, que puede correr hasta cincuenta kilómetros por hora y saltar por encima de obstáculos de dos metros de altura.

¿Cómo vive?

2 Los bisontes viven en manadas formadas a partir de un grupo familiar, que se desplaza para encontrar en cada momento los mejores pastos. Años atrás vivieron en gran parte de Europa, pero actualmente es una especie muy escasa.

Curiosidades

3 El bisonte europeo se extinguió como especie salvaje en 1919, cuando el último ejemplar fue abatido a tiros en los bosques de Bialowieza, en el noreste de Polonia, coincidiendo con el final de la Primera Guerra Mundial.

Por suerte, los bisontes europeos mantenidos en cautividad en parques zoológicos de todo el mundo se reproducían con éxito y, pasada la guerra, empezó un largo proceso de reintroducción. Finalmente, en 1957 nació el primer ternero en libertad después de más de cuarenta años. Desde entonces, la población ha ido aumentando hasta los cuatrocientos ejemplares actuales.

Ahora los bosques de Bialowieza ocupan ciento cincuenta mil hectáreas entre Polonia y Bielorrusia. La antigua zona de caza de la familia real se ha convertido en un parque nacional reconocido por la UNESCO como reserva de la biosfera y patrimonio de la humanidad. Los bisontes son el símbolo del parque, y los bosques donde habitan, con robles de cuatrocientos años de edad, son el testimonio de las espesuras que un día ocuparon el continente de cabo a rabo, desde los Pirineos hasta los Urales.

Caballo de Przewalski
Equus przewalskii

¿Cómo es?

1
A primera vista, parece una mula de color claro, con la crin corta y tiesa, sin flequillo que cuelgue hacia el frente. Tiene el mismo color de la tierra del desierto de donde es originario, y su cabeza es más bien grande, con el morro blanco. Las patas, la cola y la crin son negras. A diferencia de los ciervos, vacas y cabras, que se han quedado con dos dedos, los caballos descansan todo su cuerpo sobre el dedo medio de cada pie, que ha crecido hasta convertirse en una pezuña potente. Los restos de lo que serían los otros dedos todavía son visibles en forma de espuelas a ambos lados y detrás de la pezuña.

¿Cómo vive?

2
Los caballos salvajes, también conocidos como tarpanes, habían vivido en libertad en las grandes llanuras europeas y asiáticas, formando varias razas que se extinguieron entre los siglos XVIII y XIX. Ahora sólo nos queda esta variedad que sobrevive en puntos muy concretos como el Parque Nacional Hustai, en el suroeste de Mongolia, y es conocida como caballo de Mongolia o de Przewalski, en honor al naturalista ruso que los descubrió en 1879. Pacen en grupos formados por un macho dominante acompañado de unas cuantas yeguas y potros, y se mueven para buscar los mejores pastos, evitando siempre las horas de calor del mediodía.

Curiosidades

3
Éstos son los únicos caballos actuales auténticamente salvajes, y no los caballos domésticos más o menos asilvestrados que podemos encontrar en algunos lugares. Pero la poca diferencia genética entre el caballo de Przewalski y los caballos domésticos lleva a pensar que éste es un pariente muy cercano del antepasado de todos los caballos domésticos.

Delfín común
Delphinus delphis

¿Cómo es?

1 Un delfín pequeño, que mide unos dos metros de largo y pesa en torno a los ochenta kilos. Es de color gris plomo, a lo lejos parece negro de arriba y claro de abajo, pero de cerca se aprecia una ancha faja amarillenta en los flancos y el vientre blanco.

¿Cómo vive?

2 En aguas profundas de toda Europa y buena parte del mundo, se hace muy visible por su costumbre de formar grandes grupos que saltan constantemente como si jugaran con las olas. También les gusta seguir los barcos, y a veces se pasan bastante rato a su alrededor. Un buen lugar para observarlos es la bahía de Algeciras, en verano. Hay barcos que llevan gente allí, sólo para verlos, saliendo de Gibraltar.

Curiosidades

3 Hay muchas anécdotas referidas a la antigua abundancia de delfines en nuestras costas. En el Cap de Creus, según decían, "se veían grupos que podían llegar al millar de ejemplares, y al saltar, encrespaban el agua al igual que lo hace el viento del norte". Esta abundancia de delfines, sin embargo, entusiasmaba poco a la gente del mar, que los veía más bien como unos competidores; así, estos animales eran perseguidos, se les lanzaban piedras o se mataban con delfineras, que eran una especie de arpones modificados. En Llançà hubo quien mató cerca de cuatrocientos ejemplares a tiros [...]. "Alguna vez, en el Cap de Creus, se había comido delfín estofado con hojas de laurel, y su sabor era parejo al de la ternera [...]. En otros lugares, vendían tacos salados como si fuera anchoa, y había que desalarlos como el bacalao y se cocinaban después, sofritos con cebolla". Ésta y otras historias aparecen muy bien recogidas en el jugoso libro *Balenes i dofins a la Costa Brava*, de Josep M. Dacosta y Pere Pagès.

Delfín listado
Stenella coeruleoalba

¿Cómo es?

1   Más bien pequeño (unos dos metros de longitud), con un diseño vistoso que juega con diferentes tonalidades de gris azulado. Muestra, en cada lado, una banda clara al lado de otra oscura que se estrechan hasta acabar en punta, origen de la denominación "listado".

¿Cómo vive?

2   El delfín listado es, hoy por hoy, el cetáceo más común de todo el Mediterráneo y, por lo tanto, uno de los delfines más fáciles de observar, sobre todo al atardecer, cuando están más activos. Es una especie pelágica que vive en aguas profundas, siempre en grupos que pueden oscilar entre unos veinte y unos cien ejemplares. Lo encontraremos en mares templados y tropicales de todo el mundo.

Curiosidades

3   Al principio de los noventa, una infección epidémica causada por un virus parecido al que produce el moquillo de los perros, afectó como mínimo a dos mil ejemplares de esta especie. Los delfines afectados presentan lesiones en diferentes órganos de los sistemas respiratorio y nervioso. Normalmente llegan a la costa arrastrados por las olas, la mayoría muertos y algunos todavía vivos pero con la enfermedad muy adelantada y pocas horas de vida. Las causas de este virus no son claras, pero es probable que tenga algo que ver directa o indirectamente con la actividad humana, por la sobrepesca o por la contaminación.

Especies semejantes

4   El delfín común tiene más o menos el mismo tamaño y también forma grandes grupos; sin embargo, observándolo bien, se ve que es muy oscuro por encima, y se echa en falta enseguida la lista blanca en los flancos que da nombre al delfín listado.

Delfín mular
Tursiops truncatus

¿Cómo es?

1   Un delfín robusto, de gran tamaño, que mide en torno a tres metros de largo, a veces más, con una aleta dorsal casi triangular y un morro muy diferenciado de la cabeza, corta, con la mandíbula inferior un poco más larga que la superior. Su color es gris plomo, más oscuro en el dorso y más claro hacia el vientre. Es el delfín más conocido porque sobrevive en cautividad en parques zoológicos de todo el mundo.

¿Cómo vive?

2   Como todos los delfines, es una especie social, que en este caso vive normalmente en grupos reducidos, de menos de una docena de ejemplares. A pesar de su tamaño, es una especie costera, le gusta pescar en aguas poco profundas y disfruta siguiendo a los barcos. Lo encontraremos en todos los mares templados, incluido el Mediterráneo, y es especialmente abundante cerca de las Baleares.

Curiosidades

3   El delfín mular es con diferencia la especie más frecuente en delfinarios y parques zoológicos de todo el mundo; sin embargo, su cría en cautividad todavía no es algo muy normal y muchos de los delfines que viven encerrados en los parques marinos han sido capturados directamente de la naturaleza. El delfín mular es un animal muy inteligente y sociable que se adapta bien a la cautividad y aprende con mucha facilidad lo que le piden sus entrenadores. De hecho, a menudo toma contacto con los hombres incluso cuando vive en plena libertad, y en algunos casos excepcionales llega a tomar comida de la mano de la gente e incluso se deja tocar. En aguas ibéricas hay como mínimo dos casos documentados, uno en Galicia y otro en el Cap de Creus. Mucho más lejos, en Monkey Mia y en Moreton Island (Australia), el contacto entre hombres y delfines salvajes ha pasado a ser algo diario y normal. Su tamaño considerable no les es ningún impedimento para acercarse a las aguas más someras si encuentran la recompensa de una buena amistad.

Especies semejantes

4   Los delfines moteados tienen color y forma semejantes, pero son más pequeños y tienen todo el cuerpo recubierto de pequeñas manchas, visibles sólo a corta distancia.

Delfín moteado
Stenella frontalis

¿Cómo es?

1   Del mismo tamaño, más o menos, que el delfín común y el delfín listado, el delfín moteado se reconoce por la gran cantidad de manchas que
tiene repartidas por todo el cuerpo, blanquecinas en la espalda y oscuras
hacia el vientre. El patrón de las manchas, sin embargo, es muy variable
en función de las poblaciones y también de cada ejemplar en concreto.
Los ejemplares viejos, como el que hay más atrás en la fotografía, están
más intensamente punteados, son más oscuros y, por lo tanto, mucho más
fáciles de identificar.

¿Cómo vive?

2   Es una especie propia de las aguas templadas y calientes del Atlántico,
que no encontraremos en ningún otro océano. Le gustan las aguas profundas y no se acerca a las costas si no es en zonas de acantilados marinos con mucha profundidad de agua. Se alimenta de peces y calamares.
No se presenta en las aguas de la península Ibérica, pero sí que se deja
ver de vez en cuando en Canarias.

Curiosidades

3   En las Azores son muy abundantes, y crean auténticos espectáculos
cuando se ponen a pescar y las pardelas se arremolinan a su alrededor
para pillar algún pez despistado. Casi la mitad de las observaciones de
delfines en este archipiélago corresponden a delfines moteados.

Especies semejantes

4   De lejos y a contraluz es fácil confundirlos con los delfines mulares,
que son más grandes y de color más claro, y no tienen manchas oscuras.
Los delfines moteados jóvenes, que todavía no tienen manchas, todavía se
parecen más a un delfín mular, pero son mucho más pequeños, claro está.

Orca
Orcinus orca

¿Cómo es?

1 Un pariente gigante de los delfines, inconfundible por su diseño blanco y negro exclusivo en el mundo de los cetáceos. Los machos, mayores que las hembras, pueden medir hasta nueve metros de largo y pesar nueve toneladas y se reconocen fácilmente por su aleta dorsal mucho más alta y puntiaguda, muy visible incluso a mucha distancia.

¿Cómo vive?

2 La mal denominada ballena asesina no hace honor a su nombre, ya que simplemente se trata de un pariente gigante de los delfines que, como todo el mundo, hace lo que puede para conseguir comida y sobrevivir. Por su tamaño, eso sí, necesita carne en cantidad, así que las orcas cazan otros animales marinos de gran tamaño, sean focas, otras especies más pequeñas de delfines, pingüinos o peces grandes. También pueden atacar a grandes ballenas, sobre todo si se trata de una cría o un ejemplar enfermo.

Curiosidades

3 Las orcas viven en todos los mares del mundo. El lugar más próximo para su observación, si el viento lo permite, está en las aguas del estrecho de Gibraltar, durante los meses de verano, donde coinciden con los atunes que vuelven de desovar en el Mediterráneo. En julio y en agosto, cuando están las orcas, cada día salen barcos del puerto de Tarifa para observarlas. Mucho más lejos, posiblemente el mejor lugar del mundo para ver orcas está en las aguas de Vancouver, en Canadá, donde habita una población sedentaria muy fácil de observar.

Especies semejantes

4 La falsa orca tiene una forma parecida, pero es mucho más pequeña y esbelta, y de color negro uniforme. Se presenta a veces en aguas de Canarias.

Calderón gris
Gramphus griseus

¿Cómo es?

1 Un poco más grande que un delfín mular, pero no sobrepasa los cuatro metros de largo. A pesar de su nombre, a primera vista es más blanquecino que gris. Tiene la forma típica de calderón, con la cabeza redondeada y la boca situada debajo, sin pico de delfín, y el cuerpo típicamente marcado con rayas y manchas claras que parecen cicatrices repartidas por todas partes. Su aleta dorsal, delgada y larga, es suficiente muchas veces para identificar la especie. Los ejemplares viejos son de color más claro que los jóvenes, a veces casi blancos.

¿Cómo vive?

2 En aguas templadas y calientes de todo el mundo, normalmente lejos de la costa, pues prefiere las aguas profundas, donde encuentra los calamares y sepias de los que se alimenta. Los encontraremos en grupos reducidos, a menudo de menos de una docena de ejemplares, que no huyen ni se acercan especialmente a las embarcaciones. No son tan juguetones como los delfines, pero a veces ponen el cuerpo en posición vertical para sacar toda la cabeza fuera del agua y ver qué pasa a su alrededor.

Curiosidades

3 Es una especie presente tanto en las aguas atlánticas de la península Ibérica como en el Mediterráneo y en Canarias, pero encontrarla es siempre una casualidad. El lugar más próximo con garantías de éxito está en las islas Azores, donde hay una población residente muy fácil de observar.

Especies semejantes

4 Inconfundible de cerca, pero a distancia y, sobre todo, a contraluz, la aleta dorsal puntiaguda nos podría confundir con los delfines mulares e incluso con las orcas.

Calderón tropical
Globicephala macrorhynchus

¿Cómo es?

1
A pesar del sobrenombre poco acertado de ballenas piloto, los calderones no son auténticas ballenas, ya que tienen dientes como los delfines y pertenecen al mismo grupo de los odontocetos. Son fáciles de reconocer por su color negro, su tamaño medio, entre un delfín mular y una orca, la aleta dorsal dirigida hacia atrás y, sobre todo, por su cabeza redondeada como una olla, con la boca escondida debajo.

¿Cómo vive?

2
En pequeños grupos que reúnen individuos de todas las edades. Para alimentarse se zambullen hasta grandes profundidades para capturar sobre todo calamares. No siguen a los barcos como los delfines, pero se dejan acercar a muy poca distancia.

Curiosidades

3
El mejor sitio para observarlos es en el brazo de mar que hay entre Gomera y el sur de Tenerife, en las islas Canarias, donde habita una población residente de más de quinientos ejemplares que se han acostumbrado a la presencia de los barcos repletos de turistas que salen diariamente de la zona de Los Cristianos y Los Gigantes, en Tenerife.

Especies semejantes

4
El calderón de aleta larga es muy parecido pero un poco más grande. No está en Canarias, pero, en cambio, aparece en las aguas peninsulares y es fácil verlo en el estrecho de Gibraltar. Como dice su nombre, tiene las aletas más largas, aunque en el mar eso es difícil de apreciar. La falsa orca, de presencia excepcional en nuestras costas, también es negra pero es más estilizada, y no tiene la cabeza tan grande.

Cachalote
Physeter macrocephalus

¿Cómo es?

1   El cachalote tiene el tamaño de una ballena, pero, en realidad, es un cetáceo con dientes, es decir, un pariente cercano de los delfines y las orcas, ya que no tiene barbas para filtrar, sino dos hileras de dientes cónicos y afilados en la mandíbula inferior. Su cabeza inmensa, abultada, rectangular y llena de grasa, tiene un único orificio nasal en el lado superior izquierdo. Su diseño particular responde justamente a una adaptación para compensar los cambios de presión a causa de la profundidad. Visto de lejos, el cachalote se reconoce por el chorro de vapor que saca cuando respira, siempre inclinado hacia adelante y a la izquierda, en un ángulo de cuarenta y cinco grados respecto a la superficie del agua. No tiene aleta dorsal, pero, en cambio, muestra unos bultos característicos en el dorso y, al hundirse, siempre muestra su cola gigantesca chorreando de agua que, en la parte trasera, no es uniforme, sino que parece recortada a grandes mordiscos.

¿Cómo vive?

2   En aguas profundas de todo el mundo, incluidos el Atlántico y el Mediterráneo. Lo encontraremos solitario o en grupos reducidos. Se alimenta de calamares gigantes que captura en las profundidades con la ayuda de la hilera de dientes potentes que llenan su mandíbula inferior (la mandíbula superior no tiene dientes). Para ello lleva a cabo inmersiones muy largas, a menudo de tres cuartos de hora o más, y, cuando sale a la superficie, se queda diez minutos o un cuarto de hora flotando inmóvil, aparentemente descansando, hasta que se decide a sumergirse otra vez.

Curiosidades

3   En otros tiempos el cachalote fue capturado con arpones manuales en aguas del Cantábrico y también en las Azores, hasta que llegó a ser tan escaso que ya no era rentable salir a cazar. Actualmente, la situación ha cambiado, y el turismo ballenero es el principal atractivo de la isla de Pico, en las Azores. El museo de Lajes do Pico conserva las fotos de recuerdo de las capturas más importantes de aquellos tiempos, y también las barcas, las herramientas y las fotografías de los antiguos balleneros, algunos de los cuales todavía pasean por las calles del pueblo, jubilados.

Ballena franca
Balaena glacialis

¿Cómo es?

1

Es la típica ballena de los cuentos, casi negra, con la cabeza muy grande y ancha, decorada con grandes placas de color claro recubiertas de parásitos, y las dos mandíbulas muy arqueadas. Mide unos quince metros y pesa unas cincuenta toneladas. Para un observador sin experiencia, se hace difícil orientarse y encontrar dónde están sus ojos, que quedan muy abajo, cerca de la aleta, pequeña y redondeada, y la comisura de la boca.

¿Cómo vive?

2

Como todas las ballenas auténticas, se alimenta filtrando el agua del mar con la ayuda de una auténtica cortina de quinientas o seiscientas "barbas" largas como una persona que cuelgan de su mandíbula superior. Las barbas miden dos o tres dedos de anchura, son lisas por su parte exterior y tienen un flequillo deshilachado por la parte interior. Para comer, las ballenas llenan la boca con agua de mar cargada de pequeños crustáceos y después la expulsan con la lengua obligándola a cruzar la cortina de barbas, que actúa como un auténtica red de pesca que retiene dentro de la boca la parte nutritiva de cada bocanada.

Curiosidades

3

Las ballenas francas fueron cazadas en el País Vasco durante mucho tiempo; en verdad, casi hasta que se acabaron, y por esta razón también son conocidas como ballenas vascas. En inglés, en cambio, las llaman *right whales* o ballenas verdaderas, porque una vez muertas por los arpones de los balleneros quedaban flotando en el mar, y, por lo tanto, eran más fáciles de arrastrar que otras especies, que se hundían al morirse. Son animales lentos y tranquilos, que se pasan la mayor parte de su vida en aguas poco profundas y no huyen ante la presencia de un barco. En otros tiempos, esto facilitó su exterminio por parte de la industria ballenera. Por la misma razón, hoy en día, en los lugares donde se encuentran, las ballenas francas son objetivo prioritario del turismo ballenero.

Especies semejantes

4

Actualmente se considera que hay por lo menos dos especies de ballena franca, una en el hemisferio norte y otra en el hemisferio sur. Todas, en cualquier caso, son muy parecidas, hasta el punto que hace poco eran consideradas una misma especie. Las ballenas francas del sur son muy fáciles de observar en península Valdés (Argentina) y Hermanus (Sudáfrica), ya que se pasan horas flotando plácidamente en la superficie sin importarles la presencia de los barcos cargados de turistas.

Yubarta
Megaptera novaeangliae

¿Cómo es?

1   Las yubartas o ballenas jorobadas son ballenas de tamaño medio, que miden unos quince metros de largo y pesan alrededor de treinta toneladas, y tienen la forma alargada típica de las grandes ballenas filtradoras, con la parte superior negra y la inferior blanca. Son fáciles de reconocer por sus aletas muy largas y estrechas, de color claro, que son casi tan largas como una tercera parte de su cuerpo (hasta seis metros) y son muy visibles bajo el agua, hasta el punto de que es lo primero que aparece cuando la ballena se acerca a la superficie cerca de un barco. Tienen una pequeña joroba en la espalda, muy característica, justo delante de la aleta dorsal. Cuando se sumergen, muestran la cola, que tiene una silueta típica, con los extremos acabados con una punta que se cierra un poco hacia dentro. El diseño blanco y negro de la parte inferior de la cola es diferente en cada ejemplar, hasta el punto de que los científicos que las estudian lo utilizan para identificarlas.

¿Cómo vive?

2   En todos los océanos. En verano se alimentan en las aguas gélidas del Ártico y el Antártico, y en invierno migran hacia aguas tropicales, donde tiene lugar su reproducción. Aquí, por lo tanto, sólo las podremos observar en el Atlántico durante la migración, en grupos familiares reducidos. Se comunican produciendo una gran variedad de sonidos armoniosos, auténticos "cantos de ballena" que bajo el agua llegan a kilómetros de distancia. Se alimentan de crustáceos y peces pequeños que capturan filtrando el agua del mar con sus barbas.

Curiosidades

3   Ésta es con diferencia la más juguetona de todas las ballenas. Le gusta saltar hasta sacar todo el cuerpo fuera del agua casi en vertical, para después dejarse caer de lado, un comportamiento que suele repetir varias veces seguidas y que puede estar relacionado con la eliminación de parásitos de la piel. También a veces golpea la superficie con la cola, o flota sacando una aleta vertical fuera del agua. A veces se acerca mucho a los barcos. Con mucha suerte, el viento te puede traer su resoplido a la cara, y uno puede incluso probar su sabor de agua de mar, un poco aceitoso. No es nada extraño, pues, que la yubarta sea la estrella del turismo ballenero en todo el mundo.

Rorcual común
Balaenoptera physalus

¿Cómo es?

1 El segundo animal más grande del planeta después de la ballena azul es una bestia que mide de veinte a veinticinco metros de largo y pesa hasta cincuenta toneladas. Su coloración general es oscura, casi negra, pero con una particularidad única: su coloración oscura en la espalda y clara en el vientre, típica de los cetáceos, parece haber dado media vuelta en la zona de la cabeza, de forma que todo el lado izquierdo es oscuro, mientras que en el lado derecho la mandíbula inferior, las barbas e incluso la parte derecha de la lengua son despigmentadas, de color mucho más claro. Esta coloración tiene que ver con la postura del cuerpo durante la alimentación. Los rorcuales soplan un chorro de vapor vertical de cinco metros de altura y se zambullen sin enseñar la cola: sólo la pequeña aleta dorsal aparece al final de la espalda, que se arquea típicamente cuando lleva a cabo una inmersión profunda.

¿Cómo vive?

2 En aguas profundas, donde se alimentan de plancton que filtran con sus barbas. Los rorcuales no se dejan observar muy bien: son rápidos y a menudo se alejan en pocos minutos de las embarcaciones.

Curiosidades

3 Las aguas del golfo de León atraen a los rorcuales comunes durante el verano, y desde hace unos cuantos años hay empresas que llevan turistas a hacer avistamientos saliendo de la costa catalana, donde de vez en cuando todavía aparecen avarados estos grandes cetáceos. Una crónica de 1955 explica el caso de un rorcual común muerto, que apareció en Es Camallerí, en el Cap de Creus, y fue arrastrado hasta Cala Garbet: "…allí le pusieron unos tablones en la boca para que quedara abierta y los niños entraban a jugar y saltaban encima de la lengua, blanda como un colchón [...]. La gente de Port de la Selva fue a buscar con la fisga los nudos del esqueleto [las vértebras] para utilizarlas como taburetes…".

Ballena azul
Balaenoptera musculus

¿Cómo es?

1

Un gigante que puede medir hasta treinta metros de longitud y pesar ciento veinte toneladas, con un récord conocido de 178 toneladas. Los pequeños recién nacidos pesan unas siete toneladas, es decir, lo mismo que una docena de caballos grandes. Es de color azul grisáceo salpicado de manchas más claras. En comparación con otras ballenas, es un animal largo y estilizado, que se mueve como un submarino, sale a la superficie justo para tomar aire y se vuelve a hundir enseguida. Muchas veces emerge el tiempo justo para respirar, muestra su espalda inmensa y se vuelve a hundir sin enseñar la cola. Cuando se decide a hacer una inmersión profunda, sin embargo, saca su cola aguzada chorreando de agua como lo hacen las yubartas y los cachalotes.

¿Cómo vive?

2

Al igual que los rorcuales, las ballenas francas y las yubartas, se alimenta filtrando el agua del mar. Primero engulle agua cargada de crustáceos y peces, y después la expulsa a través de sus barbas, que actúan exactamente como un colador. La podemos encontrar, muy escasa, en todos los océanos. A diferencia del rorcual común, sin embargo, no suele entrar en el Mediterráneo. El lugar más próximo donde la podemos ver, con suerte, está en el Atlántico, en aguas abiertas delante de Galicia.

Curiosidades

3

La ballena azul es el animal más grande que ha existido nunca, incluidos todos los dinosaurios conocidos.

Especies semejantes

4

Lo más parecido a una ballena azul es un rorcual común, poco más pequeño, pero de color oscuro, casi negro. Los rorcuales, sin embargo, no enseñan nunca la cola cuando se sumergen.

Índice

INTRODUCCIÓN

¿Qué es un mamífero?...... 4

El mundo de los mamíferos........... 8

¿Cómo estudiar y observar
los mamíferos?............12

LOS MAMÍFEROS

Alce............117

Ardilla gris............53

Ardilla moruna............52

Ardilla roja............50

Armiño............73

Arruí............122

Ballena azul............141

Ballena franca............136

Barbastela............38

Bisonte eurupeo............124

Caballo de Przewalski............125

Cabra montés............118

Cachalote............134

Calderón gris............132

Calderón tropical............133

Castor............57

Ciervo............114

Ciervo sika............113

Coatí............89

Coipú............54

Comadreja............72

Conejo............46

Conejo americano............47

Corzo............110

Chacal............97

Delfín común............126

Delfín listado............127

Delfín moteado............130

Delfín mular............128

Desmán ibérico............25

Erizo europeo............22

Erizo moruno............23

Foca común............105

Foca gris............104

Foca monje............106

Gamo............112

Garduña............80

Gato montés............90

Glotón............84

Jabalí............108

Jineta............86

Liebre europea............49

Liebre ibérica............48

Lince boreal............91

Lince ibérico............92

Lirón careto............68

Lirón gris............69

Lobo............98

Macaco de Berbería............45

Mapache............88

Marmota............55

Marta............81

Meloncillo............85

Morsa............103

Muflón............123

Murciélago de cueva............39

Murciélago de herradura............30

Murciélago egipcio............44

Murciélago enano............32

Murciélago hortelano............40

Murciélago montañero............33

Murciélago rabudo............41

Murciélago ratonero grande............36

Murciélago ratonero pardo...........34
Murciélago ratonero ribereño.....35
Musaraña gris.............................26
Musaraña tricolor........................27
Musgaño enano 28
Musgaño patiblanco.....................29
Nóctulo gigante 43
Nóctulo pequeño.........................42
Nutria..78
Orca...131
Orejudo.....................................37
Oso pardo 100
Oso polar..................................102
Puercoespín 56
Rata de agua...............................63
Rata negra..................................67
Rata parda..................................66
Ratón casero 64
Ratón de campo..........................65

Ratón espinoso 70
Ratón listado...............................71
Rebeco.....................................120
Reno..116
Rorcual común..........................140
Tejón 82
Topillo agreste.............................60
Topillo campesino........................61
Topillo mediterráneo 58
Topillo nival................................62
Topillo rojo 59
Topo europeo 24
Turón...76
Visón americano..........................75
Visón europeo.............................74
Yubarta....................................138
Zorro...94
Zorro ártico 96